現代與後現代

當代社會文化理論的轉折《第三版》

黃瑞祺 著

MODERNITY &

POST-MODERNITY

Richard Ruey-Chyi Hwang

第三版序

　　《現代與後現代》一書旨在探討現代性與後現代的相關問題，以及幾個影響較大的現代和後現代的理論諸如：紀登斯（第貳章）、李歐塔（第參章）、布希亞（第肆章）、傅柯（第伍章）等等，另有專章探討「主體、自我和身分認同」（第陸章）、「現代和後現代藝術」（第柒章）、「後現代文化的社會基礎」（第捌章）。本書試圖以深入淺出的方式來表述，希望讓一般讀者容易理解。自始本書的寫作就不把讀者侷限於學院裡的學生（大學生或研究生），希望對於相關議題有興趣的各界知識分子也能接受，而反饋於他們的工作或生活上。

　　本書的完成及出版經歷了一個相當漫長的歷程。1991年夏季作者第二次赴英國劍橋，由於業師紀登斯（Anthony Giddens）教授的提示，開始探究現代性的問題。當時適逢紀登斯的《現代性的諸般後果》（*The Consequences of Modernity*, 1990）及《現代性與自我認同》（*Modernity and Self-Identity*, 1991）二書出版不久，蒙他贈予，研讀之後頗有

感觸，遂開始廣泛蒐閱這方面的文獻。

　　不過紀登斯與我在一個基本點上有些歧異，即他不贊同以「後現代」來理解當代社會文化現象，他比較傾向於用「高度現代」（high modernity）、「晚期現代」（late modernity）、「反思現代」（reflexive modernity）或「基進現代」（radical modernity）[1]等概念（詳後）來理解當代情況，這也表明了為什麼紀登斯和哈伯馬斯（Jürgen Habermas）都被稱為現代性的旗手。而我一則認為現代與後現代之間有密切的關係，理應合而觀之；再則認為用後現代的概念來理解當代情況及語境深具啟發性及潛力。雖然有此歧見，不過我仍要感謝紀登斯教授及其著作給我的啟發。

　　如果把「現代」和「後現代」理解為歷史上的兩個時期，將滋生許多無謂的爭議；而如果理解為兩種思想觀點或文化藝術風格則比較有啟發性。關於二者之間的關係，現代與後現代不只是有對立存在，後現代還是對於現代的一種反省（反思）、批判以及超越的觀點或形式。在這種理解下，後現代和紀登斯的概念（尤其是反思現代）之間還是有交集的。

黃瑞祺 序於南港
2017/10/02

1 "radical" 一字有：1. 根本或基本之意，"of or from the root or base; fundamental"；2. 在政治上贊同基本改革；在意見上及政策上先進，"(politics) favouring fundamental reforms; advanced in opinions and policies"（Oxford Advanced Learner's Dictionary of Current English, p. 691），過去大多譯為「激進」，可是「激進」一詞在中文裡似乎有激烈、偏激，甚至激情等的含意或弦外之音，所以譯為「基進」比較妥當。

導言

· *Postmodernity definitely presents itself as antimodernity.*

—— J. Habermas

· 工業革命可說是現代的潘朵拉盒子。一旦打開之後,各種現代的妖魔鬼怪都出籠了,資本主義、社會主義、浪漫主義、工會、社會學、戰爭工業化、生態危機……。

· 啟蒙知識觀所立基的再現論(theory of representation)面臨了危機,所謂「再現的危機」(crisis of representation)。

· 歐洲中心主義其實只是現代歐洲、白人、男性、異性戀中心主義。

· 後現代乃在似乎混雜無厘頭的外表下,潛藏著顛覆性及另類條理。

1980 年代以來文化思想界紛紛拋出「二次工業革命」、「微電子革命」、「第三波」、「第三波民主化」、「後工業社會」、「消費社會」、「資訊社會」等代表重大社會變革的觀念，且獲得鉅大的迴響，頗有「山雨欲來風滿樓」之勢。

　　由於資訊科技或微電子科技（尤其是個人電腦）的發展，使得生產方式可能做大幅度的改變，生產的分散化或去中心化（decentration），或進而做種種的（再）組合方式，成為未來的流行趨勢。而科技或生產方式上的變革勢將牽動社會文化的變化。許多思想家因而紛紛提出各自的概念架構，試圖對於當代社會文化加以定性或定位，並期對未來的發展有所展望：現代（或晚期現代、高度現代）與後現代、工業社會與後工業社會、資本主義與後資本主義、資訊社會、消費社會等等，遂成為近幾十年來文化界或學術界的重要議題，一些著名的學者如布希亞（Jean Baudrillard）、克萊夫‧貝爾（Clive Bell）、傅柯（Michel Foucault）、紀登斯（Giddens）、哈伯馬斯（Habermas）、胡森（Andreas Huyssen）、詹明信（Fredric Jameson）、李歐塔（Jean-François Lyotard）等都參與了這場論爭。

　　目前這個議題方興未艾，且有繼續擴散到各個學科領域的趨勢，在社會學裡現代性與／或後現代性也成為關注的焦點之一了。

1. 科學革命

　　這個情勢讓我們回想起十九世紀末社會學界的狀況。這個狀況必須從兩個世紀之前開始瞭解。西方世界從十七世紀以來在自然科學方面突飛猛進，天才輩出，素有「科學革命」之稱。其中較為顯著者有下列之發展：

　　培根（Francis Bacon）和笛卡兒（René Descartes）發展了新的思想方法。

　　伽利略（Galileo Galilei, 1564-1642）發現自由落體定律，並發明望遠鏡，觀察天體運行，證明哥白尼（Nicolas Copernicus）的太陽中心說。

　　開卜勒（J. Kepler, 1571-1630）發現星體運行的三大定律（所謂「開卜勒定律」）。

　　牛頓（Isaac Newton , 1642-1727）發現萬有引力定律。他的成就代表十七世紀科學革命的巔峰，並主導了十八世紀的科學發展。

　　巴斯卡（B. Pascal, 1623-1662）發現流體力學原理。

　　惠更思（Christiaan Huygens, 1629-1695）倡議光波理論。

　　自然科學的新方法及新概念導致科學團體的建立。1662年英國成立了**皇家學會**，此後法國及歐洲各國先後建立了科學院。

　　其中尤以牛頓更成為後來幾個世紀的文化英雄。十七世紀的科學成就不僅在自然科學史上具有重大的意義，透過啟蒙運

動思想家（*philosophes*）的詮釋及傳播，更是影響了西方人文社
會思想以及政治。法國百科全書派的狄德羅（Denis Diderot）
以牛頓學說同教會及強權政治進行鬥爭，康德（Immanuel
Kant）則以牛頓物理學當作人類知識或理性的模型。

　　十七世紀科學革命給十八世紀啟蒙思想家和十九世紀社
會學家的影響結果之一，就是**樂觀進步論**。他們受到自然科
學成就的鼓舞，相信人類若能善加利用**理性**（科學或科學方
法就是一個範例）必能不斷改進生活各方面。

2. 啟蒙運動

　　十八世紀的啟蒙運動在西方歷史上具有劃時代的意義，
在世界觀方面劃分了前現代和現代。啟蒙運動包括幾個相互
關聯的涵義（Hall and Gieben eds., 1992: 22）：

　　1. 一個思想運動。
　　2. 一種思想風尚。
　　3. 一群互相有交往的知識分子。
　　4. 若干個知識分子群聚的制度中心─巴黎、愛丁堡、
　　　　格拉斯哥、倫敦等等。
　　5. 一個出版業及其讀者群。
　　6. 一套思想體系、世界觀，或時代精神。
　　7. 一段歷史和一個區域。

8. 一種批判性探究和運用理性的傾向（Black, 1990: 208; 引自 Hall and Gieben, ibid.: 26）。

十七世紀的科學革命和科學成就使得啟蒙思想家對人類理性及人類的未來充滿信心，遂發展出各式各樣的進步論（ideologies of progress），相信科學技術及工業的發展，可以讓人類各方面（物質生活、心智、社會制度等）不斷進步，最後達到完美的境地。

十八世紀在英國發生了工業革命，這也是歐洲人為了改進生活而做的一連串努力。這是生產方式及生產過程方面的變革，從家庭手工業到工場手工業再到大工業。這樣的變革進一步加強了資本主義的體制。由於工場手工業和大工業乃集合一些工人在同一個地點（工廠）運用生產工具進行生產，資本家和工人的分化就變成必然的了。工業革命帶來了物質生活上的便利，同時也導致傳統生活的解體及現代社會問題。**工業革命可說是現代的潘朵拉盒子，一旦打開之後，各種現代的妖魔鬼怪都出籠了，資本主義、社會主義、浪漫主義、工會、社會學、戰爭工業化、生態危機……。**

啟蒙運動可以說是法國大革命的思想先驅，在思想上的解放、對不良社會制度的批判，以及對美好未來的信心等等都有助於推動法國大革命。法國大革命摧毀了舊政權，首度建立了民主政治。

3. 啟蒙知識觀

　　西方於十七世紀發展神速的自然科學，基本上意圖以簡馭繁，追求普遍性的知識（universal knowledge），而以簡潔的公式或定律的形式表現出來，透過演繹的形式以理解具體複雜的自然現象。所謂「普遍性知識」就是沒有時空限制，放之四海皆準的知識。我們可以舉牛頓力學當作一個例子。在此不需要窮究其細節，只要觀其作為一種知識的形式即可。

　　萬有引力定律（law of gravitation）：

$F = G \cdot m1m2/r2$

三大運動定律（laws of motion）：

$F = 0 \triangle v = 0$

$a = F/m$ 或 $F = ma$

$FAB = FBA$

　　（F：作用力，m：質量，r：距離，a：加速度）

牛頓用四個簡潔公式就把力學的普遍性知識表述出來了。

　　十八世紀啟蒙思想家把牛頓物理學當作知識或理性的典範，接受了自然科學的標準，承認真正的知識或真理是普遍性的，而且是演繹說明性的。因此，地方性或在地性（local）的東西、描述性或敘事性（narrative）的東西不能算是真正的知識，地方性的敘事更不能算是真正的知識。這就是一般所說的啟蒙知識觀（Enlightenment conception of knowledge）或現代主義知識觀的一部分。根據這種知識觀，

科學可以消除迷信，增進人類理性，乃是最高級的知識形式。在這個單一的排序中，人類的理性和真理都是大寫且單數的（Rationality、Truth 而非 rationalities、truths）。

這種啟蒙知識觀在當代受到很大的挑戰。在人文社會科學的領域，往往人們最感興趣的是地方性的事情和議題，如選舉、治安、天災等等，這和他們的生活息息相關。而且人文社會科學發展至今，到底發現了多少類似自然科學的定律呢？至今人文社會科學的「知識」到底包含了多少類似自然科學的定律呢？追求普遍性知識將使得人文社會科學知識在當代社會生活中被邊緣化（marginalized）。根據啟蒙知識觀來指導人文社會科學的研究及理論建構的方向是否恰當？

再者，知識是否只包括事實性、說明性的東西，像自然科學一樣，而不包括道德價值判斷或批判？啟蒙知識觀一方面倡導普遍性知識及價值中立的研究態度，一方面又認為知識與社會進步、理性有所關聯。這其間不免有所扞格或緊張。這種知識觀一旦運用到人文社會思想的領域，這個扞格或緊張就越發明顯。

自然科學試圖對自然過程及條件有所預測及控制，以促進生活福祉。這的確是極為重要的事情，也是啟蒙運動的遺產之一。1999 年的 921 集集大地震在臺灣造成嚴重的傷亡及損害，讓我們體認到面對大自然，人力的卑微。至今自然科學仍然無法準確預測地震的發生，讓人類能夠有所預防，可見還有待更多的努力。**由此讓我想起哈伯馬斯所說的「啟蒙方案」**（Enlightenment Project）**或「現代性方案」**（Modernity

Project）**尚未完成**。的確人類戡天役物、與大自然搏鬥的過程尚有待於更多的努力，精益求精。

然而另一方面，在人文社會思想的領域，許多有識之士逐漸反省到啟蒙知識觀的不合適，而尋求替代的知識觀及方法論。以人類為中心的思想（anthropocentrism）任意宰制及破壞自然，大地終將反撲復仇，其後果人類恐怕承擔不起。地球的溫室效應及臺灣山區的土石流，只是兩個明顯的例子而已。

4. 再現的危機

復次，啟蒙知識觀所立基的**再現論**[1]也面臨了危機，所謂「再現的危機」。傳統把語言和知識（概念）都視為是實在的再現，這和客體／主體的二元論有關，客體被視為是獨立於主體的，類似地，實在也被視為是獨立於語言或知識的東西，在語言或知識中獲得再現。然而以往穩定的實在（reality）／再現（represnentation）之間的區別及對應關係，在當代擬像社會（Simulation Society）（法國社會學家布希亞的用語）中，越來越模糊了。例如國際流行的玩偶史奴比、小熊維尼、凱蒂貓（Hello Kitty）、皮卡丘（Pikachu）（口袋妖怪）、日本流行的網路情人 YUKI，以及迪士尼世界（許多我們所熟悉的形象，如米老鼠、唐老鴨等）等等，到底是**實在的再現**還是**一種新的實在**呢？又如電動玩具中的遊戲以及網路上的虛擬實境，乃至整個網路世界以及媒體世界，難

道只是一種再現嗎？它們所對應的實在又是什麼？還是它們本身就已成為當代「擬像社會」的「實在」了，布希亞稱之為「超真實」（hyper-reality），實抓住了當代社會一個特徵。這種似真似幻、非真非幻的性質乃是當代社會文化現象的特徵之一。[2]

　　這類現象在當代社會越來越流行，不僅小孩喜歡，大人也喜歡收集。或許這些東西誠如布希亞所認為的，是一種沒有原版或基礎的拷貝或影像，他稱之為「擬仿物」（simulacrum）。面對當代這類現象，實在／再現的範疇區分似乎越來越難適用了。因此，越來越多社會分析家喜歡用**符號學**的方法來分析當代社會。當代社會生產越來越多沒有**所指**（signified）的**指符**（signifier），或至少其所指難以尋繹，小熊維尼、凱蒂貓、皮卡丘等的所指是什麼？電動玩具中的遊戲的所指是什麼？它們的意義似乎主要在於自我指涉而非在於所指。整個迪士尼世界其實就是指符的組合，人們（設計家及消費者）不在乎這些指符之所指。例如他們不在乎小熊維尼像不像真熊或者像哪一種熊，雖然他們是模仿熊

1　再現論不僅被運用到知識或語言，也運用到美學（涉及藝術作品與自然或真實的關係）和政治（代議政治，涉及議會與民眾的關係）。

2　或許有人認為中國古代也有這類擬像，如龍、鳳、麒麟等吉祥物。不過這類傳統的東西沒有像在當代社會中那麼普遍流行。其實世界各國歷史上都有這類沒有原本的擬像，如西洋古代的人面獸身像、長著翅膀的人像等等。

來設計的，而是在乎小熊維尼可不可愛，對消費者有沒有誘惑力；電動玩具的遊戲在乎其趣味性，而不是在乎其「逼真」。

類此，媒體的影像及報導難道只是「真實世界」之事件的再現而已嗎？臺灣有多少民眾到過921地震或總統大選活動的現場？大多數民眾似乎都是從媒體瞭解921地震以及大選活動。TVBS報導的「原版」是什麼呢？它和無線臺報導的「原版」是不是相同的呢？有沒有原版呢？或是已經緲不可得了。媒體影像及報導本身似乎已經自成一種「真實」了，而不單單是一種傳統意義的再現了。很多民眾大都只是活在這種「媒體真實」（稱之為「超真實」亦無不可）之中而已。

5. 基礎論

作為啟蒙知識觀之一部分的**基礎論**（foundationalism）也受到質疑。馬哥利（J. Margolis）把知識論中的基礎論界定為「相信我們握有認知確定性的專利基礎」（引自Crook, 1990: 51）。譬如眾所周知的實證論是以感官資料為知識的基礎。每一套大理論都要替知識或社會知識規定一個基礎，當作研究活動的一個先天的基礎。在社會理論中，例如**實踐**對馬克思（Karl Marx）而言，**社會行動及其意義**對韋伯（Max Weber）而言，以及**社會事實**對涂爾幹（Emile Durkheim）而言，都宣稱是社會的基礎。在此傳統底下，尋求知識（不管是什麼知識）的基礎似乎是理論家的主要工作。然而如果再現論發生危機，實在（包括社會實在）喪失了其獨立

實有性，則基礎論也失去根據了。如果不談知識的基礎，則研究活動要如何進行？方法為何？是否如費樂班（Paul Feyerabend）所倡導的反對一切方法／方法論的無政府主義（methodological anarchism），這樣是否必然會導致相對主義和虛無主義（Feyerabend, 1988: 9）？

6. 歐洲中心主義與新社會運動

上文所說，在啟蒙知識觀中，理性和真理骨子裡頭似乎都是單數的且大寫的，也顯示出它的歐洲中心主義（Eurocentrism）或西方中心主義。以它的理性標準當作普遍判準，以西方科學當作知識的典範。這其實和西方帝國主義的擴張息息相關。二次大戰後，西方的帝國主義、殖民主義開始瓦解了，歐洲中心主義也開始動搖了。這一方面和非西方社會的提升以及自覺有關，另方面和西方文化的內在衝突有關。女性主義興起對西方男性中心主義進行批判，讓我們看到了昔日宣稱普遍性的文化的一個侷限性；其後，西方社會裡的非洲研究或黑人研究，也對歐洲中心主義大加撻伐。黑人學者如阿尚德（Moleifi Kete Asante）所提的非洲中心性（Afrocentricity）誠然只是他們的一個研究觀點，然而歐洲中心主義又何嘗不然（Asante, 1987, 1988）？歐洲中心主義有世界霸權在支撐，看似普世的事實，如果沒有霸權支撐，它也只是一種思想觀點罷了。再者，同性戀理論對西方以異性戀（heterosexuality）為正統或中心的批判，讓我們進一步

看到歐洲中心主義的偏限性或狹隘性。所以總結本段所述，歐洲中心主義其實只是**現代歐洲、白人、男性、異性戀中心主義**罷了。經歷了晚近西方社會的**新社會運動**（new social movements），如前述的女性運動、黑人種族運動、性解放運動等的批判洗禮，其偏限性逐步顯現。歐洲中心主義的衰落使得弱勢或邊緣文化得以抬頭，多元文化的局面得以出現，有利於不同的文化傳統之間平等的對話。

7. 跨越界線

與再現的危機及擬像社會有關的一個趨勢，即「跨越界線」。再現危機即意味著實在與再現之間的傳統界線模糊了，前述當代許多人或現象都試圖跨越此界線。然而這只是認識論上的一個界線，在知識上還有學科之間的傳統界線也是越來越模糊，科際整合的呼聲由來已久。此外更為明顯的是社會政治上的界線，如國家、政黨、性別、公私領域等的傳統界線也都模糊了，越界或踰越似乎是司空見慣的事。國際組織、跨國公司已是司空見慣了，網路世界更是沒有國界；在臺灣，政黨似乎不再是大多數選民忠誠的對象了，無黨無派以及超黨派的口號也自有其吸引力。政黨政治也似乎不再是政治人物謹守的規則了，跨黨派的候選人組合屢見不鮮，中間路線或中間選民的訴求越來越常見；再者，利用化妝服飾等方式變換性別（男扮女裝或女扮男裝），甚至實施變性手術跨越性別界線也是屢見不鮮的社會現象了；電視、網路等

媒體的發展也使得公私領域互相滲透，**界線趨於模糊**。

啟蒙知識觀危機的批判及克服、擬像社會及消費社會的興起、歐洲中心主義的解構及多元文化的興起等等，構成了後現代的情境。

後現代性預設了**現代性**，瞭解現代性才能定位後現代性。然而弔詭的是，晚近對現代性的注意及研究，卻是從後現代性的興趣及角度出發的。本書從省察現代性及現代化入手。這一章蘊涵了一種史觀，即從「現代性」的觀點來看近代西方與非西方（主要是中國及臺灣）的交會或交鋒。本章並未詳細地鋪陳此一史觀，只略述其梗概，讀者若細讀當知其意。現代學術似乎比較擅長微觀的分析，而比較不能欣賞宏觀的建構，所謂「能見秋毫之末，而不見輿薪」。其實二者都很重要，微觀分析通常有意識或無意識地，預設了或蘊涵了一個宏觀架構，以定位及解讀微觀分析及其結論。

其次，本書依次探討當代一些重要的社會文化理論，來看現代性和後現代性的內涵及其關聯。這些社會文化理論依次是：紀登斯、李歐塔、布希亞、傅柯、關於主體、身分認同及自我的理論以及關於後現代藝術的理論、關於後現代文化之社會基礎的理論。至於當代捍衛啟蒙思潮以及反對後現代的主將哈伯馬斯，由於過去作者撰寫過這方面的論述，讀者可覆按，在此書中從略。[3]

---

3 《批判社會學》（三民，1996）。

現代性及
現代化的再省察

· 凡是值得思考的事情，沒有不是被人思考過的；我們需要做的只是
 試圖重新加以思考而已。

—— 哥德

· 可是你的職責是什麼呢？就是當前現實的要求。

—— 哥德

· 〔我的評論者〕一定要把我對資本主義在西歐產生的歷史概要，
 轉變成為一套歷史哲學理論，論陳每一個民族都命定要走的共同
 道路，不管其歷史情況如何。……恕我不能苟同〔這種詮釋〕（他
 同時是在過分地誇耀我以及羞辱我）。

—— 馬克思

· 現代科技想要控制或改造自然，到頭來卻毀壞了自然，想要控制
 環境，卻破壞了環境。

—— 哈維爾

· *To be fully modern is to be anti-modern.*

—— Marshall Berman

引言

　　為什麼現在還要討論現代性和現代化呢？ 1950 年代就開始流行的「現代化理論」不是早已討論過這一方面的問題嗎？當時現代化理論從美國流行到第三世界，是美國社會科學界的熱門題目；在第三世界「現代化」則成為知識分子及政府官員的口頭禪。連中共也抓著現代化流行的尾巴，在 1970 年代後期，開始推行「四個現代化」，試圖「超英趕美」，已經成為家喻戶曉的政策了。當時這股歷久不衰的現代化熱潮，一方面，固然由於有學術理論（例如現代化理論、經濟發展理論、結構功能論等）在推波助瀾；另方面，也由於有美國霸權對第三世界的影響力在支撐著，此霸權原先主要是透過美援、軍援以及中央情報局（CIA）的活動在運作，其後則是透過軍售及貿易制裁，不過影響力已大減。一旦美國霸權衰退，現代化理論也隨之沒落了。不過「現代性」和「現代化」的概念仍然有其價值。

　　現代性的形成及發展、近代西方的興起，以及現代世界的形塑三者有密切的關聯，雖然時間上大略有先後之別。所以在本章，現代性的形塑可追溯到歐洲中古末期（十一世紀）義大利地中海沿岸的城市復興，近代西方的興起則大約是在十五世紀下半葉（1450-1500），其後四、五個世紀由歐美列強主導現代世界（體系）的形塑。所以現代性的形成不但關係近代西方的興起，也形塑西方和非西方之間的關係，以至影響了非西方世界的發展和命運。所以，**今日作為一個東方**

人、中國人、臺灣人（不管他或她的政治立場如何），要瞭解我們近代的遭遇，必須瞭解近代西方，我們之所以成為今日之我們，和近代西方息息相關；而要瞭解近代西方，必須瞭解現代性，西方之所以成為今日之西方，主要拜現代性之賜。

　　「現代性」一詞似乎蘊涵某種的普世性（在空間上的），甚至有人賦予此詞某種的（普世）規範性。作者認為「現代性」具有特定的時空屬性，可以簡單說是「近代西方文明的特性」。本書講的「現代性」在個人層次而言，指一種感覺、思惟、態度及行為的方式（所謂「個人現代性」），在結構層次而言，則是指社會制度、組織、文化以及世界秩序的一種特性。現代性首先發源於西南歐，現代性在歐洲（主要是義、西、葡、英、荷、法、德等國）發展傳播的過程，就是歐洲的「現代化」。與此同時，歐洲列強的勢力向世界其他地區擴展，主導「現代世界」的形成和發展，也成為現代世界的主宰。西方現代性也伴隨西方軍事、政治、經濟等勢力的擴張（尤其是殖民主義），而向非西方地區傳播。此一過程顯然就是「西化」。稱之為「現代化」比較容易引起誤解和爭議，好像說非西方社會的「現代」只能是「現代的西方」。非西方社會的「現代化」未來在範圍上可能可以超越「西化」，這還要看非西方未來的創造力及努力而定。不過就目前為止而言，非西方的現代化大體上就是西化。甚至在有些地區現代化是採取殖民化的形式，如印度、馬來西亞、新加坡、香港等地的現代化最早可說是由殖民者來實行的。[1]

　　本章首先對「現代化理論」做一個概略的省思，看它對

現代世界變遷的思考方式為何，看它如何理解西方與非西方的關係。因此不擬涉及現代化理論內部的流派及其間的差異。其次，本章試圖從歷史社會學的宏觀角度，提出一個比較具有歷史性、全球性的詮釋，這可分為兩部分：一部分是「西方現代性」，指陳「現代性」從中古末期以降，在歐洲的形成和發展的軌跡；另一部分則是「全球現代性」，論陳「現代性」晚近的發展趨勢，即全球性和全球化。本章另一特色就是比較概要性（programmatic），這是因為本章採取的策略是先描述或凸顯整個問題的輪廓，以後若再做後續研究，就可以專心處理一些細節的問題。因此有關的細節問題無法在本章中一一加以細述。

一、現代化理論的省思

二次世界大戰之後，歐洲的殖民帝國大多瓦解了，前殖民地紛紛獨立。在二十世紀 1940 至 1950 年代，有韓國、越南、印度、印尼等二十多個國家相繼獲得獨立；1960 到 1970 年代有非洲阿爾及利亞、剛果等五十多個國家贏得獨立。這些新興國家都試圖從事迅速的經濟及社會發展，也因而被稱為「發展中國家」（developing countries）。由於這些國家的需要，遂吸引許多（主要是美國的）社會學者、經濟學者、政治學者、人類學者等等的注意和研究。另一方面也配合了美國的

世界霸權的運作。在這些研究新興國家發展的學說理論當中，「現代化理論」可說是早期比較有系統、且蔚為風尚的顯學。

　　現代化理論乃 1950 年代及 1960 年代初期，從美國社會學的結構功能論衍生出來的一種變遷理論，再加上經濟學、政治學等的相關知識。它主要是由三個部分構成：（一）進步觀；（二）傳統和現代的劃分，有時也加上中間或過渡的階段或社會類型；（三）現代化的計畫（Gurnah and Scott, 1992: 133）。現代化理論提供第三世界新興國家一個發展的方向及策略，或者更確切地說，提供一種模仿西方國家（「西化」）的途徑，不能說沒有貢獻。不過在目前的情勢底下，需要對現代化理論做一番剖析及反省。與此同時我們也要注意時空的差異——即 1950、1960 年代與 1990 年代，不論是西方國家或非西方國家都有很大的變化——經濟、軍事、政治、社會等等，也因而更需要對現代化理論提出檢討。

　　現代化理論的進步觀很簡單，歐美國家（尤其是美國）是世界上最進步或最先進的國家，最明顯的證據就是歐美生活水準比較高、政治比較安定、社會比較自由。而之所以如此，據現代化學者的看法，是因為他們的制度比較「現代」、比較優良。第三世界唯有透過模仿或移植歐美制度而成為「現代化的國家」。美國似乎已經成為人類發展的目標或模型了。這種進步論預設了一種單線或單向的演化論。

1　在本書中，「現代」和「近代」的意義相同，與 "modern" 相對應，視上下文脈絡而交替使用。

結構功能論原來並不是一種變遷理論，它主要是對不同的歷史階段或不同社會的「結構特徵」或「結構類型」，進行描述和比較，來研究社會變遷。所以現代化理論通常描述兩種結構類型：「傳統社會」和「現代社會」。歐洲中古、中國、印度、中東、東南亞等等都被稱之為「傳統社會」；當今歐美社會（主要是美國）則為「現代社會」。關於二者的特徵和差異有頗多的說法，帕森思（Talcott Parsons）的模式變項（pattern variables）是一個代表。帕氏把社會的價值取向、規範及角色行為區分為五個方面，每個方面都有兩個極端（polars）：

情感　對　情感中立（affectivity versus affective neutrality）
擴散　對　特定（diffuseness versus specificity）
普遍　對　特殊（universalism versus particularism）
成就　對　歸屬（achievement versus ascription）
自我　對　集體（self versus collectivity）

　　這五對概念常被用來描述及區別現代社會與傳統社會：在現代社會，對社會關係及角色行為的期望是情感中立的，或不帶情感的；對他人的反應是針對特定方面的（而非全面性的）；對他人行為的評價是以普遍原則為基礎；對他人的評斷以其成就為標準，而不以與生俱來的品質為標準；個人自我的滿足優先於團體的目標。傳統社會則恰好相反。在此，現代社會當然是一個理念型，而且很明顯地是以美國社會的

民情風俗為其主要參考點（Parsons, 1953: Chs. 3&5; 1967: Ch. 7）。

有時為了進一步分析，在「傳統」與「現代」二分之外，也加上一個**中間或過渡的類型**。例如帕森思就把社會演化分為三階段──**初民社會**（primitive society）、**中等社會**（intermediate society）、**現代社會**（modern society）。中國、印度、羅馬、古埃及等都是中等社會的例子。從初民社會進化到中等社會的關鍵是**文字的發明**；而從中等社會進化到現代社會的主要關鍵在於**概化的法制**（a generalized legal order）（Parsons, 1991: 13-16）。不過帕氏的演化論主要還是關於各階段社會之結構特徵的描述，和他的結構功能論相近。

帕森思可說是現代化學者的理論導師，不過現代化理論關注的主要還是發展中國家，研究這些國家的發展目標和發展策略。所以，除了建構「現代」與「傳統」的社會類型之外，有些現代化學者試圖設計簡單的發展指標，提供想要從事「現代化」的「傳統社會」參考。茲舉一例如下（蕭新煌，1985：75）：

發展的指標

都市化程度
識字率和職業訓練
報紙流通
政治民主（多黨體系和定期投票選舉）

自由企業

世俗化

社會流動程度

職業分化（專業化）

商會、工會等自願社團的盛行

核心家庭模式

獨立的司法審判

　　除了建構社會發展的結構性指標之外，現代化學者還試圖建立「現代人」或「個人現代性」的特徵，茲舉一例如下（同上引：130）：

參與：參加社會組織及選舉過程的動機與能力。

同理心（empathy）：設身處地在他人的角色上考慮；能面對新情境；對新經驗保持開放。

雄心壯志：對自我及子女的上進有高度的期望；願意冒險。

個人主義：與大家庭鮮有連繫；獨立於家族忠誠及義務之外。

世俗主義：有限度的宗教依附；對宗教及意識形態之訴求的接受力低；尊重科學及技術創新。

平等主義：尊重他人權力，支持婦女平等及非權威性的家庭結構。

訊息靈通：常接觸新聞媒體，熟知國內及國際事務。

消費取向：想要擁有新產品。

都市偏好：願意留在或遷往市區，而不願住在鄉間。
地理流動：為求較好機會，願從原住地區遷至他處。

綜合而言，現代化學者對**變遷**的概念相當簡單而固定，概言之，可分述如下（Smelser, 1970: 717-718）：

在科技領域，一個發展中的社會是從簡單及傳統的技術轉變到現代科學知識的應用。

在農業方面，發展中的社會是從維生農業演進到商業化的生產和經營。

在工業方面，發展中的社會是從人力、獸力的使用過渡到工業化或自動化。

在區位安排上，發展中的社會是從農村發展到都市。

在政治領域，一個新興的國家是從簡單部落的權威體制發展為選舉、政黨、代議及行政科層等體制。

在教育領域，新興國家致力於減少文盲，增加職業技能。

在宗教領域，世俗化的信仰體系取代了傳統的宗教。

在家庭領域，擴大的親屬單位逐漸失勢。

在階層領域，僵硬的、歸屬性的階層體系逐漸被地理的及社會的流動所鬆動。

1. 現代化理論的反歷史傾向

　　現代化理論雖然關注的是第三世界的變遷，其實預設了對歐洲的現代化經驗的詮釋。不幸的是，現代化學者可能本身由於社會科學的訓練，對歐洲經驗的瞭解有過分簡化及過分概括化（over-generalization）的傾向。例如：法國、荷蘭和德國等作為「現代社會」及其現代化過程是否都和英國類似，從而可以用同一個模式來概括？二十世紀的社會科學家傾向於忽略西方的歷史過程，急於概括論斷，以便建立模式、模型、通則等，易於推廣到世界其他地方。

　　現代化理論關注的是如何把歐美現代化的過程或「模式」移植到第三世界，他們相信經由這樣的過程，第三世界也能達到歐美現代社會的狀況。所以，他們很少認真探究第三世界國家個別的歷史脈絡或社會文化脈絡。他們喜歡用「傳統社會」或「第三世界」來概括之，把這些社會當作同一類型來看待，以便與歐美的「現代社會」相對照。例如，以研究經濟發展聞名的羅斯托（W. W. Rostow）說過：「從歷史的觀點而言，『傳統社會』包括了全部前牛頓期的世界：君主時代的中國、中東及地中海的文化，以及中世紀的歐洲等。……」（1975: 22）如果只是純粹從經濟或科技或其他單一判準來分類社會比較可行，不觸及其他層面；不過如果要綜合地來分類社會，而把不同時代及地區的諸社會都概括為「傳統社會」，就比較危險，因為它所模糊掉的特徵或事實比它所顯現的要多很多。

　　有的現代化學者主張現代化簡單說就是背離傳統（away

from tradition），或者從傳統社會轉變到現代社會。這裡所謂的「傳統」指的是第三世界的社會文化傳統，包括其過去及現狀；「現代」指的是歐美社會的現況或根據此現況所制訂出來的指標或理論。按照他們的看法，第三世界的現代化其實就是要把歐美現狀（「現代」）移植或接樺到第三世界的現狀之上，作為它們未來的「願景」。現代化學者說：「只要你們如此這般，就能建立現代化社會，趕上歐美。」從他們的觀點來看，第三世界面臨了「橫的移植」與「縱的繼承」兩難困境：「橫的移植」必須背離自己的傳統，全心全意接受西化。所以從他們的觀點來看，現代化或西化（在此二者同義）應該是普世的過程。

俗諺說：「橘逾淮為枳」，同樣的制度搬到不同的社會裡，其結果不可能相同，甚至經常是大異其趣的，因為這涉及本土之社會文化脈絡或特色對外來之制度的影響。例如西方民主引介到日本及臺灣，結果和在西方大異其趣。作者在此並沒有斷言制度移植後會變壞或變好，因為這是相對於判斷的標準而言的。

由此我們可以說現代化理論有一種「反歷史的」（ahistorical）傾向。[2] 一方面忽略了歐美國家之間的差異，

---

2 華勒斯坦（Immanuel Wallerstein）也曾指出現代化理論的錯誤是「如此反歷史的」（so ahistor-ical）。他主要指出兩個層面：歐洲從封建社會轉變到資本主義；在世界體系中，核心區域之國家結構的強化，及相關的是，在邊陲區域國家結構的弱化。現代化理論都相當忽略（Wallerstein, 1979: 134）。本書所觸及的層面比華氏廣泛，由下文即可得知。

通通冠以「現代社會」，也忽略了這些國家現代化路子的差異，急於概括論斷或模式化，以提供第三世界模仿或運用；二方面忽略了第三世界國家之社會文化的差異，以及歷史的獨特性，一概冠以「傳統社會」的大帽子；三方面忽略了文化交流和文化採借的互動性或複雜性，而把「橫的移植」和「縱的繼承」對立起來，猶如要把「現代社會」（歐美現實）和「傳統社會」（第三世界的現實）接樺起來。從這三方面來說，現代化理論都可說是缺乏歷史感的。

馬克思在世時，他的信徒曾想把他的理論應用到俄國，馬克思本人則反對把他的「西歐資本主義發展的歷史概要」轉變為一套「歷史哲學理論」，論述每一個民族都必須走的共同路線，而不管該民族的歷史情況如何（McLellan, 1980: 138; Marx, 1977: 572）。現代化理論似乎也要把西方現代化的經驗，轉變為世界的通則或典範，以供其他的社會遵循辦理。這其中蘊涵了一種「西方中心論」，即西方的事物或經驗被提升成為一種標準或規範，以供非西方社會遵循或衡量。這不只是一個理論的問題，更成為一個實踐的問題；不僅是一個經驗性的問題，而變成是一個規範性的問題，規定非西方社會應該循著西方現代化的模式來變革。

因此現代化理論蘊涵了一種**賽跑模型**（跨欄賽）。首先，要不要參賽應該是基於個人的意願或決定，不應有外力的強迫。其次，所有競賽者分據不同的跑道，但沿同一路線競賽，快慢端視各人的腳力，互不干擾。所有競賽者都必須超越同樣多個柵欄，雖然有先後到達之分（這是賽跑最重要的），

最後的目的地都是一樣的。與此類似的，現在全世界大多數國家好像是在現代化道路上競賽，要不要加入全憑各國的意願或決定。歐美國家是先進者，其他國家則是後來者，各國各自憑其內在的動力及互相採借（尤其是後來者借鏡先進者的經驗，因為他們都是在同一條道路上發展）而向前發展，也許有一天這些嚮往現代化的國家都能達到「現代社會」的境界，各方面都像現在歐美先進國家那樣。雖然我們發覺到目前為止，很少有第三世界國家「趕上歐美的」。可是根據這個模型，許多人還是相信這是公正的競賽，只要自己努力就可以趕上甚至超越別人。

1.1. 現代化理論蘊涵的自由主義

賽跑模型蘊涵一種自由主義的觀念（liberal implication），意即參不參加競賽悉聽尊便，沒有誰能勉強誰。起碼許多非西方國家的現代化經驗與此不符。俄羅斯乃是最早進行現代化的一個非西方國家。這可能是由於斯拉夫與西方有共同的文化淵源，斯拉夫人在十世紀末就從東羅馬帝國正式接受了基督教，基督教和當地的民間信仰混合，發展出一套具有地方特色的宗教信仰，就是所謂希臘正教（Greek Orthodoxy）。隨著基督教而來的是整套拜占庭式的儀節、典禮、藝術，且使用略為改造過的希臘字母來拼寫他們的語言，這些奠定了日後俄羅斯帝國的文化基礎。隨著歐洲的現代化，歐洲對於俄羅斯的優勢和威脅也越來越明顯。1610 年波蘭挾

其現代武裝力量的優勢，佔領了莫斯科達兩年之久。同時瑞典人也奪去了俄國位於芬蘭海灣口的波羅的海口岸。俄羅斯對於這些西方侵略行為的回應，就是進行徹底的西化或現代化，這主要是彼得大帝（1672-1725）的事業。在二十五年間，他發動了一系列涉及行政、工業、商業、軍事、科技、教育及文化的改革。到了十八世紀俄國幾乎達到與西方齊頭並進的水平，而能擊敗 1709 年入侵的瑞典人和 1812 年入侵的法國人。由此而言，俄羅斯對西方之挑戰或衝擊的回應是相當成功的，甚至可以當作一個典範。

中國的例子來說，歐洲強權從十六世紀初（明朝）起開始侵入廣東沿海，先是葡萄牙，後有西班牙、荷蘭、俄國（沙俄）。不過在 1840 年中英鴉片戰爭之前，一直遭到中國政府有效的抵抗，無法得逞。鴉片戰爭失敗後，西方首次以武力打開中國門戶，與英簽訂「南京條約」，開五口通商、割讓香港、賠款。1856 到 1860 年英法兩國在美俄的支持下，聯合發動一次新的侵華戰爭。這次戰敗損失慘重，與上述四國分別簽訂「天津條約」，進一步開放十個通商口岸，外國公使進駐北京，洋人可進入內地經商傳教，外國軍艦有權駛入長江和各個通商口岸。英法聯軍之後，清朝部分官員遂倡導「洋務運動」，學習西方科學技術、引進機器生產、派遣留學生等，以期「師夷之長技以制夷」。

從十六世紀中葉開始，就有歐洲人到日本通商及傳教，後因基督教與日本原有宗教如神道教、佛教等常起衝突，引起社會不安，遂開始閉關自守，史稱「鎖國時代」（1638-

1853）。十九世紀中葉美國艦隊強行叩關，要求日本開港通商，閉關之局遂告結束。1858 年美日正式簽訂不平等條約，開放通商口岸、議定關稅，並允許美國人在日本享有領事裁判權等。後來俄、英、荷、法援例，相繼與日本簽訂類似的不平等條約。歐美勢力的侵入，也曾引起日本不少排外運動，但都遭歐美各國武力鎮壓。1868 年明治天皇親政時，雖年僅十五歲，但他已知非變法無以圖存，遂開始推行新政，史稱「明治維新」（《大不列顛百科全書》，12 卷 415 頁［卷數和頁數下文簡寫如下 12：415］；福武直，1985：3）。由此可知，日本的西化或現代化也是在歐美侵逼的情況下開始的。

　　早在十七世紀，英、荷、法、丹麥等國先後建立了東印度公司，競相建立商站。經過激烈的角逐，英國殖民者終於在十九世紀初併吞了印度。印度的西化或現代化（十九世紀上半葉）是在英國佔領之後由英國統治者強迫進行，主要是配合英國的利益而進行，並不是印度人自願。在此過程中，印度傳統手工業被摧毀，農民陷於極端貧困狀況，印度成為英國的原料產地和商品傾銷市場。

　　由此可知，近代非西方之社會及文明與西方交鋒時，非西方受到西方的挑戰或侵略，經過一番掙扎（包括內部的爭議），最後才走上西化或現代化的路線。西方文明取得了獨霸世界的地位。這是文明之間衝突及順應的結果，並不是和平、理性的過程。沒有一個社會或文明是一遇到西方近代文明就自願放棄自己的文明，而全盤採納西方文明，幾乎都是為形勢所逼迫（大多是迫於西方的「船堅砲利」）。而且在

相當長的一段時間，這些非西方社會中的許多人主觀上還是有很大的疑懼及保留，如在中國有所謂的「中學為體，西學為用」，而在日本有所謂的「洋才和魂」等對西化做某種限制的論調。[3]

再者，現代化理論的變遷觀及社會觀基本上是一種個體論（individualism）在社會層次上的應用，以個別的社會為分析的單位。所以我們只能說一個社會是否已經「現代化」了，等到一個個社會都「現代化」了，這個世界就「現代化」了。這種模型在中古以前比較封閉或比較孤立的社會或許可以適用，在現代世界全球化趨勢之下，全球逐漸形成一個諸社會的互動體系，此互動不僅涉及經濟，還涉及科技、軍事、政治、文化、傳播等重要層面，我們可以稱此體系為「全球體系」（global system）。以別於美國社會學者華勒斯坦（Immanuel Wallerstein）倡導的「世界體系」或「資本主義的世界體系」，主要著重在經濟分工的層面。在現代世界全方位的密切互動情況下，恰當的分析單位應該是「全球體系」。在歐洲國家現代化之後，他們就開始形塑及主導現代世界的全球體系，而帶動非西方國家的現代化，絕非一個個國家同等地、陸續地進行現代化。所以本章用漩渦來比擬此一世界現代化的歷程（詳後）。

2. 華勒斯坦的世界體系論

依華勒斯坦之意，資本主義自從十五世紀在歐洲發展以

來，已經在全世界的範圍形成了一個分工的體系，他稱之為「資本主義世界經濟體」（capitalist world-economy）。他試圖重新界定「資本主義」一詞的意義或用法：

> 什麼是資本主義呢？對我而言，資本主義只能用來稱呼一個整體性的世界體系，一個歷史上發展出來的特殊體系。我不能苟同於把資本主義當成形容詞來稱呼世界體系內的制度——資本主義形態的經濟關係、資本主義國家、資本主義的這個或那個——好像每樣東西或多或少是資本主義的。資本主義指的就是整個世界體系。老實說，我個人以為這是馬克思學說的關鍵所在。說什麼東西或多或少是「資本主義的」，乃是掉入了個體論自由派的社會科學（individualistic liberal social science）的陷阱（引自柯志明，1986：102）。

---

3 這個結論和史學家麥克尼爾研究世界文明史的結論若合符節。麥氏鉅著《西方的興起》有一個基本假定，即與擁有新技術的外來者接觸是人類歷史上社會變遷的主要動力，從此一假定可以做一簡單的推論，即世界史家關注的重點應該在同時期各文明間的互動（McNeill, 1991: 48）。世界霸權的遞嬗也和新技術的採借有密切的關係。根據麥氏的研究，世界史各階段的霸主可陳示如下：希臘文明（500 B.C.-A.D. 200），印度文明（200-600），中東回教文明（600-1000），中國文明（1000-1500），以及歐美文明（1500-2000），例如歐美文明從中國採借羅盤、印刷術、火藥等，中國文明從中東借取遠距離的貿易運輸系統（包括駱駝商隊），當代的日本從歐美借取先進技術（ibid.: 53-64）。

此世界體系可區分為三個分工的區域：核心、邊陲、半邊陲。一般而言，核心區域主導世界經濟，剝削其餘地區；邊陲區域負責提供原料給核心，而受其嚴重剝削；半邊陲則是一殘餘概念，處於核心與邊陲之間的區域（Wallerstein, 1974; Ritzer, 1988: 280-284）。華氏主張從全世界範圍來界定資本主義，把分析單位鎖定在世界體系，是很有啟發性的論點。這和他從全世界的範圍來理解社會主義和馬克思主義有異曲同工之妙。尤其是「現代世界」已成為一體（全球體系），現實基礎已有所不同，因此舊概念必須在新的基礎之上重新界定及理解。這是華氏學說之所以重要的一個理由。

不過從本書的觀點來看，華氏學說也有不足之處。他的理論誠如他的用語「資本主義世界經濟體」所顯示的，是處理經濟層面的問題，所以他說的「世界體系」，確切而言，乃「世界經濟體系」或「世界分工體系」。他把經濟或資本主義當作現代世界變遷唯一重要的因素。換言之，他的理論架構主要是單一層面的、或單一邏輯的，忽略了諸如民族國家（nation-states）、工業革命、傳播科技、軍事擴張、生態環境等導致的問題，及其對現代世界變遷的影響（Giddens, 1990: 67-69）。

3. 現代化與殖民化

現代化理論的反歷史傾向，還表現在忽視歷史上（大約從十六世紀開始）西方國家對於非西方國家或地區的入侵、

掠奪和殖民統治，以及殖民化和西化或現代化的關係。從歷史上來看，在西方和非西方的關係裡頭，殖民主義是十分重要的一環；在非西方的現代化過程裡，殖民化也是重要的一環。一些非西方國家或地區，在其歷史的某個時代，殖民化就是西化，也是現代化。例如英國統治下的印度、新加坡、香港、馬來西亞等，荷蘭、西班牙、日本統治下的臺灣，荷蘭統治下的印尼，美、西統治下的菲律賓等等。這當然不是出於殖民者的仁慈，而是殖民統治的一種政策——即「養雞生蛋」或「種樹伐木」。此種政策經常比「殺雞取卵」或掠奪式經濟替殖民者獲取更大、更長遠的利益。殖民者壓榨、掠奪被殖民者以及大量屠殺被殖民者的事蹟，可說是罄竹難書。這是西方現代性的開展和擴張的歷史過程，或「現代世界」形成過程的一個構成部分。換言之，也是世界現代化的一部分。

所以，本章對現代化理論的另一項批評乃是：**現代化理論不能從全球的角度或範圍，來觀照現代性和現代化。西方的現代化和非西方的現代化乃同一過程的不同階段，而且是密切關聯**。眾所周知，非西方的現代化受西方現代化很大的影響。不過此二者的影響關係並不是把西方現代化的經驗或模式，拿到非西方社會來實行，像現代化理論所提議的那樣；而是西方國家以其階段性之現代化的經驗和成果，企圖擴張其勢力範圍，與非西方接觸及尋求貿易機會，並進而企圖征服及殖民化非西方社會，以獲取更大的利益。所以說殖民主義及帝國主義是西方／非西方關係中十分重要的一環，也是現代性從西方推展到全世界的一種動力及過程。

至於現代化、西化和殖民化的關聯可以從臺灣的殖民化經驗來看。臺灣曾經歷荷蘭、西班牙及日本的殖民統治，對後來比較有影響的是荷蘭及日本的殖民統治，以下就以二者的一些施政措施為例，來理解殖民化與現代化的關係。荷蘭自從 1579 年脫離西班牙的統治，建立「荷蘭共和國」之後，就積極向海外擴張，於 1624 年佔領臺灣。荷蘭人據臺期間有下述開發措施：

　　（1）荷蘭為了開發臺灣，有計畫地從大陸引進漢人移民，用東印度公司的船載運移民，或者以免稅獎勵。這些都是農業移民，和臺灣發展關係密切。這些移民到了臺灣之後，成為荷蘭人的奴隸，強迫勞動（史明，1980：64-71）。到了荷蘭統治末期，漢人人口已增至十萬（曹永和，1985：43）。

　　（2）建築遮蘭奢城和赤崁樓兩處城寨。前者亦稱「紅毛城」或者「大員城」，建於一鯤身（臺南安平鎮）。1650 年荷蘭人又在赤崁（今之臺南市）築第二個城寨，建設東印度公司辦事處、職員宿舍、醫院、倉庫等，並獎勵漢人移民居住於城外地區，造成殷盛的市街，稱之為「赤崁樓」（史明，1980：66）。此外，荷蘭人還建造許多宏偉堅固的建築物——行政機關、倉庫、醫院、教堂、學校——材料使用石塊、磚塊、石灰、木材、金屬，當地無法供應時，特地從大陸或巴達維亞運來。這些建物可給被殖民者一種權威感或心理上的壓迫感（王育德，1993：45-46）。

（3）荷蘭人從自己的利益出發，從事鋪路修橋、建築堤防和水利灌溉，並從印度輸入耕牛一百二十一隻，致力於牛的繁殖（同上引：43-44）。

（4）鼓勵蔗糖和米的生產，使二者不但可以自給自足，而且可以外銷。

（5）荷蘭人在臺灣傳教約二十年，成績相當顯著。傳教士採用新港社高山族的新港語作為共通語言，採羅馬拼音，以新約聖經、信條、十戒等為教材。對荷蘭語的教學也努力以赴（同上引：40）。施行洗禮的人數相當多。

上述荷蘭對臺灣的殖民措施，雖然是從其本身的利益出發，和臺灣的西化或現代化關係密切。日本對臺灣的殖民統治和臺灣現代化的關係也很密切。日本人的建設以及公共建築還有很多留下來，如現在的總統府、臺灣大學、臺大醫院及醫學院，還建了許多機場，使得國府接收臺灣三十年內，沒有在本島新建過任何一座機場，反而關閉、停用了一些對島內運輸不重要的機場。公共建築除了實用的目的之外，還有政治或統治上的功能。在考慮建總督府（現在的總統府）時，有日本人指出：

……臺北的中心，建造一座壯大的臺灣總督府官廳，周圍設有大街、林蔭大道和公園。這是權力與領導的象徵，可給臺灣人一個深刻印象（引自蔡采秀，83：28）。

臺灣總督府和日治時代其他的公共建築一樣，都是站在
「對海外殖民地的控制，必須以帝國之絕對權威來統攝人心」
的觀點上決定其形式（同上引）。

　　自從九一八事變以後，日本始致力於工業化，在戰爭
階段，臺灣工業化的成績相當驚人，不但數量激增，質也有
變革。至 1939 年，臺灣工業生產始高於農業生產，據總督
府的統計：臺灣各種產業中，工業生產額與農業生產額的對
比：1937 年工業佔 43.25%，農業佔 47.91%；1938 年工業
41.70%，農業 48.69%；1939 年工業 45.94%，農業 44.49%。
由此可知臺灣產業的重點，漸由農業方面轉移到工業方面。
在質的方面，各種工業中，從前是食料品工業佔最大部門，
但後來食料部門逐漸降低，而機械工業、金屬工業、化學工
業的比重日益增加（莊嘉農，1990：83）。

　　日本殖民政府也極為重視對臺灣人的教育，推行日語普
及運動，實行義務教育制度。使臺灣民眾的就學率，由 1942
年的 64.8%，增至 1943 年的 85%。當然推行教育的目的，還
是在教化臺灣人忠於日本天皇，成為日本的順民。

　　由此可見，在臺灣上述的時期，殖民化在很大的程度上
就是西化和現代化，反之亦然。所以，看臺灣的現代化不能
只看在現代化理論的界定及引導下所做的一些變革的措施，
臺灣的現代化早從十七世紀就開始了！

4. 烏托邦傾向

現代化理論也有烏托邦的傾向。現代化理論認為第三世界的「傳統社會」，循著歐美國家的發展指標或現代化模式來發展，有朝一日也能躋身於歐美「現代社會」之列，同享富足安樂的境界。然而現代化理論卻忽略了國際社會的權力結構，以及世界體系的經濟分工。國際社會有霸權或宰制的存在，就決定了利益分配的不均等。如上述華勒斯坦的說法，核心區域主導世界經濟，剝削其餘地區；邊陲區域負責提供原料給核心，而受其嚴重剝削的區域。換言之，資本主義世界經濟乃一個不平等（world inequality）的體系（Wallerstein, 1979: 49-65）。

即以關稅暨貿易總協定（GATT）的烏拉圭回合談判結果為例，在一片慶功叫好聲中，我們仍發現該項協定所帶來的利益分配很不均等。據估計各地區獲利概況如下：

歐盟國家	$610 億
美國	$360 億
日本	$270 億
前蘇聯集團國家	$370 億
第三世界國家	$160 億
	（以下略）

由此可見，歐美日蘇仍然是主要的獲利國，尤其是美國主導這次談判，儼然成為世界經貿盟主。歐盟也是這次談判

的主角，佔關鍵性的地位。區域性的貿易組織──美國主導的北美自由貿易區和亞太經合會（APEC）、歐盟、及東協──成為這次談判的籌碼，並提供成員國經貿談判及聯盟的經驗，可說是這次全球性的經貿整合的重要基礎。

世界貿易組織（WTO）的利益分配情況至今尚未完全明朗，不過大國操縱的局勢很明顯。中國和臺灣分別於 2001 和 2002 年加入世貿。1999 年第三屆世貿部長會議在西雅圖召開，由於反對勢力的示威而草草收場。世貿激起的反全球化趨勢越來越明顯，這是辯證法的一個例證，一個趨勢激起另一個反趨勢，此趨勢越強大，反趨勢也越強大。

世界體系是一個爭權奪利的場合，哪個國家權力大或影響力大，哪國就能分得比較多的利益。不能把國際社會想成權力真空，每一個國家（尤其是第三世界國家）都能按照發展指標或現代化模式，獨立自主地發展，沒有強權的干預，沒有世界體系的強迫分工。

現代化理論裡有一種說法，就是「趨同說」（Convergence Theory），意即在現代世界，各個社會在主要方面演變得越來越相似，似乎有一種結構上的必然性。正如帕森思所說：「現代社會之體系雖源自西方，實已延展至全世界。」（帕森思，1991：263）「這個世界的各個社會已經變得彼此類似，已經形成一個現代文化，同時各社會在現代〔世界〕體系內扮演的角色上，又彼此分化。」（同上引：280）換言之，「現代社會」有一定的模式，任一傳統社會要「現代化」，就是要轉變成符合此模式。這是以每一個社會或國家為單位而言，

然而今日看現代性和現代化的現象必須從全球觀點來看。當一個第三世界的國家發現它已置身於西方國家所形塑及主導的「現代世界」時，往往被迫接受以及適應（也是學習）「現代世界」的規約和標準，否則就要承受極大的壓力。這是現代化，也是西化，因為這是源於西方的現代化。

二、現代性和現代化的再省察

1.歐洲的興起和擴張

　　近代歐洲勢力的興起與擴張大約始於 1500 年左右，也就是歐洲人開始海外探險或探航的活動。從 1500 年到工業革命是歐洲擴張的第一階段，一方面探索往東方的航路以及佔領殖民地，另方面從事香料、茶葉、咖啡、糖、煙草、奴隸等的殖民地貿易；工業革命開始以後，殖民地變成工業國提供原料和糧食的產地，以及工業產品的市場。同時又是歐洲移民的目標，據統計，在 1820 年以後的一百年中，離開歐洲的移民共達五千五百萬（《大不列顛百科全書》，17：441-442）。

　　加拿大裔的美國史學家麥克尼爾（William H. McNeill）主張西方或歐洲自從 1500 年之後就躍居世界的霸主（McNeill, 1965: 619），後來他也承認 1000 至 1500 年中國

則是世界上最為都市化、工商最發達、技術最進步的國家，曾造成世界性的影響，成為當時世界的中心（引自邢義田，1987：487-508）。英國社會學者麥可曼（Michael Mann）則斷言「歐洲『超越』亞洲的時間點必定是在 1450 年左右，亦即歐洲海權擴張及伽利略科學革命之時」（Mann, 1988: 7，引自 Stuart Hall, 1992: 281）。二者指出的時間差不多，正是歐洲勢力擴張之始，海權擴張導致新航路和新大陸的發現，或所謂「地理大發現」，意即歐洲的探險家發現或航抵世界其他五大洲，對於歐洲人而言這等於是發現「新世界」。近代歐洲能成為世界霸主，主要是由於征服了海洋（遠洋航行），首先成為海上霸主，然後從海上包圍及進攻舊大陸（歐亞大陸），使得過去的世界霸主如阿拉伯、印度及中國等不得不俯首稱臣。

地理大發現的航行有賴於造船及航海技術的發展，羅盤的使用以及地圓說的確立，當然最重要的還是要有敢於冒險的勇氣，因為遠洋探險是在未知的廣大領域探索，失敗的代價常常是賠上（一群人的）性命。[4] 地理大發現的結果大大增進了西方人的地理知識和對其他民族的社會文化的瞭解，對西方人的現代世界觀影響極大。地理大發現進一步也導致殖民主義及帝國主義，以及爭奪殖民地的帝國主義戰爭，即「世界大戰」（其實主角及受益者還是西方列強）。

麥可曼上面提到的另一歷史事件是十六、七世紀的科學革命，主要是在天文學、物理學等方面，不僅是麥氏所提到的伽利略的科學成就，哥白尼、開卜勒、牛頓等的理論都是

科學史上的里程碑。科學革命不僅影響十八世紀的啟蒙運動，也影響工業革命。而啟蒙運動對於美國獨立和法國大革命的思想啟發也相當顯著，例如孟德斯鳩（Montesquieu）的三權分立的主張成為美國憲法的理論根據。

這些歷史事件及運動形塑了西方現代性，後文將會分別加以論析。

2. 現代性和現代化的意義

如上所述，現代性簡單講就是近代西方文明的特性。現

4　中國人於十一世紀開始使用羅盤，十四世紀已擁有「四層甲板的大帆船，船身分隔成幾個密封艙，配備四至六根桅杆，可張十二蓬帆和運載一千來人」（引自布羅代爾，1992：480）。十五世紀中國船隊在鄭和率領下完成多次的遠航，到達阿拉伯以及東非的阿比西尼亞（Abyssinia）（另一說是木骨都束〔Mogadishu〕）（張彬村，1991：48；陳信雄，1991：156），這是中國遠洋航行的頂峰，可惜後繼無人，不能繞過好望角，向非洲西岸和歐洲探航。據西方學者的觀察，中國人「害怕大海，不習慣遠航」、「善於近海航行，不善於遠洋航行」（同上引：484-485）。日本人也有類似的傾向。布羅代爾（F. Braudel）則認為中、日航海業與歐洲之所以有如此的差異，並非技術方面的原因，主要是西方資本主義城市的擴張所導致的需求，以及西方人的激情——敢於冒險（同上引：485-486）。另外也和當時政府的態度有關，日本江戶幕府實行「鎖國政策」，明、清政府時有「海禁政策」之施行，或起碼不鼓勵遠洋貿易。而十五世紀起，葡、西政府就有鼓勵支持遠洋探航活動之舉，哥倫布和麥哲倫都得到西班牙政府的支持。

代性的全幅意義必須從兩方面觀照：一方面是從歐洲現代史瞭解現代性的根源、發展及性質，亦即把現代性放回到歐洲歷史的脈絡中來瞭解，這是從歷史的觀點探究現代性；由此，我們並不是要建立一個模式或規律，從而便於把西方的現代性推行到其他地區，像現代化理論所倡導的那樣。我們首先想要瞭解西方社會如何成為今日之西方社會。

另一方面，雖然現代性是起源於歐洲，透過歐洲人的活動，諸如海外探險、傳教、海外貿易、殖民等等，西方現代性已傳播到全世界，同時西方國家也主導了現代世界秩序的形成，西方現代性從而有了世界史的意義。而且更重要的是，現代性傳播到全世界之後產生了新的面向——即全球性（globality）及全球化（globalization）。現代性到目前而言只有在「現代世界」（modern world）的範圍才能充分展現；在「現代諸社會」（modern societies）裡，即使是歐美社會，也不能完全表現現代性。所以今天必須從全球的觀點來探究現代性。如上所述，在全球化的趨勢之下，現代世界形成了一個諸社會密切互動的體系，而且此互動發生在各個層面，諸如政治、經濟、軍事、科技等等，頻繁的外交活動發生在諸社會或國家之間，傳播媒體早已超越了諸社會或國家的界線了。以上提到的一些概念下文將會分別加以解釋。

上述兩方面或兩個觀點隱約形成現代性發展的不同階段。前者主要是現代性從歐洲中古末期以來直到二十世紀初的發展，這是比較早期的階段，也可稱之為「西方現代性」（western modernity）的階段，因為主要是在西方或歐洲的

範圍發展的。從本世紀初以來則是現代性進一步發展的階段，現代性有了新的特質——主要是全球性及全球化——可稱之為「全球現代性」（global modernity）的階段。

下文將分別從上述兩方面或兩種觀點——歷史觀點和全球觀點——來探究現代性及現代化的意義。

2.1. 西方現代性的形成及發展——歷史的觀點

歐洲中古末期以降，有些歷史事件或運動共同形塑了西方現代性，對考察現代性深具意義，以下嘗試略加臚列，至少標示出西方現代性形成及發展的歷史軌跡；不過在此無法一一詳述來龍去脈，只能略述大意，點出與現代性相關者：

歐洲中古後期（十一至十三世紀）城市的繁興　當時的城市通常都具有城牆、市民自由選舉並經過上層批准的市議會、市場、大學等設施，在經濟上依賴周邊農業地區的農作物維生，當時的城市主要是商人和手工業者的居留地（Sombart, 1991: 86-126）。這些工商業人士日益增多，後來就形成一個新的階級，普通稱為「中產階級」（Middle Class）。中產階級的興起，使中古歐洲社會經濟的結構發生基本上的變化，後來歐洲歷史上許多的變遷都與中產階級的新要求有關。中古城市可說是西方資本主義及工業革命的發祥地。一般而言，城市乃現代性經驗（experience of modernity）的搖籃，現代經驗概指迅速變遷、稍縱即逝、瓦解、迷失、矛盾、弔詭等時、空、物的經驗，這些都是在都市生活中孕育出來的，也是在

都市中表現得最為明顯（Berman, 1990: 13-171）。

文藝復興運動　十一世紀末，歐洲的十字軍東征雖然在軍事上可說完全失敗，但在文化（交流）上有很大的收穫。許多歐洲人到回教區域進行研究，他們翻譯許多回教徒的學術著作，提高了歐洲學術的水準。再加上中國發明的造紙術和印刷術也經由回教徒傳入歐洲，促使歐洲文化、教育發達。這些因素綜合起來，影響歐洲在十四、五世紀間產生文藝復興。當時義大利北部的城市如佛羅倫斯、米蘭、威尼斯等，由於位居東西世界貿易的轉口站，而繁榮興盛。由於商人階級的鼓勵和贊助，文藝活動盛行。當時整個文化取向（cultural orientation）有一個大轉變，即對希臘羅馬古文化的興趣抬頭，宗教文化轉變為世俗性的文化，主要的興趣是文藝，而非神學。換言之，就是世俗化及平民化。當時發展出「人文主義」的文化理想，認為他們的文化和教育的目標在訓練有智慧、善於表達的人，反對中古教育中某些職業訓練如神學、醫學、法律等，而鼓吹人文教育，即以倫理、哲學、音樂和修辭學為主。這些都對歐洲現代文化的發展有相當深遠的影響。

海外探險及拓殖　如上所述，近代西方之所以能主宰世界，是因為征服了海洋，即向未知的大海探索，最後發現了新航路及新大陸。十字軍東征期間，中國人發明的羅盤經回教徒之手傳往歐洲。過去歐洲人不敢從事遠洋航行；有了羅盤之後，他們才可能從事遠洋的探險。在歐洲國家中，葡萄牙和西班牙最先向海外發展，想尋求金銀財富及對外貿易。葡萄牙在十五世紀初就已經開始向大西洋和非洲西岸探索。

經過七、八十年的努力，葡萄牙人在西非海岸建立了不少據點，從而獲得不少利益，如象牙、黃金以及奴隸。1488 年迪亞士（B. Dias）航抵非洲最南端的風暴角（因繞過此處獲取印度財富在望，葡王將其改名為「好望角」），完成了歐洲探航史上的重要歷程。達伽馬（V. da Gama）沿著迪亞士航行的路線，從非洲西岸繞道好望角，到達蘇丹，再從蘇丹駛抵印度（1497-1498）。在十年之內，葡萄牙建立了一個海權及商業帝國的基礎（Stuart Hall, 1992: 283）。這條航路後來延伸到中國的廣東（1514），甚至到達日本（1542）（ibid.）。葡萄牙人既然開創了新航路，遂得以壟斷由東方（中國、蘇門答臘、印度）直接由海路抵達歐洲的商務活動。他們在印度、麻六甲、澳門乃至於日本建立商業據點，與當地人進行貿易，獲得極大利益。

西班牙人此時亦不甘落後。西班牙統治集團在十五世紀末全國統一後，積極支持海外探航，在這方面最重大的收穫就是哥倫布橫渡大西洋，到達美洲。當時相信地圓說的人認為：如果由歐洲向西航行，應可到達東方。這個信念終於由西班牙國王所資助的哥倫布所實踐。他於 1492 年橫渡大西洋，抵達現在的西印度群島，後來又發現了南美洲和中美洲諸地。值得注意的是，哥倫布是在尋找通往東方的航路中意外地發現美洲的。但終其一生，他都以為他所發現的地方是亞洲的邊緣。

1519 年葡萄牙航海家麥哲倫得到西班牙國王的支持，橫渡大西洋，進行人類歷史上第一次的全球航行。

荷蘭和英國是繼葡萄牙、西班牙之後的海權國，四國的探航活動最後在東南亞海域交會。葡萄牙佔據澳門（1557）、西班牙佔領馬尼拉及菲律賓群島（1570）、荷蘭佔有臺灣（1624-1662）、以及英國奪得香港（1842），作為遠東貿易的據點，繼而開拓殖民地。從十六到十九世紀，歐洲各主要國家均以發展海外殖民地為其要務。而他們之所以能予取予求，除了被殖民地區原有的社會文化情況之外，歐洲人在造船、航海、槍炮等技術方面的進步亦是一大主因。這和歐洲十七世紀的科學革命以及十八世紀的工業革命都有密切的關係。

歐洲人的地理大發現對近代世界史影響重大，它改變了世界各大陸和各大洋之間隔閡孤立的狀態，加強世界各地的連繫，使世界在地理認知上逐漸邁向一個整體，促進世界市場和世界體系的形成。

資本主義　關於資本主義作為一種生產方式是何時發生的問題，眾說紛紜，在此不擬一一加以評議。簡言之，差不多到了十四和十五世紀，這種生產方式在地中海區域已經出現了（黃仁宇，1991：68）。資本主義生產方式的主要特徵為：資本為私人（即資本家）所擁有；資本家雇用自由勞動者從事生產。在這其中最為關鍵的是「資本」，但是資本究竟是什麼呢？這也是眾說紛紜的問題。有人說：資本就是能不斷自行增值的一種價值（Marx, 1976: 247-280），或者是可以用來不斷自行擴張或積累的財富（Wallerstein, 1983: 14）。資本的擴張或積累是沒有限度的，資本家的活動也是無休止的謀取利潤（馬克思，1975：174-175）。在資本主義生產方

式裡，有兩個主要階級：資本家和工人，資本家擁有資本，工人出賣自己的勞動力。依馬克思之意，資本若要繼續積累，必須佔有工人勞動的剩餘價值。

　　資本主義是瞭解西方現代性十分關鍵的一個要素，資本主義這種無休止的擴張或累積的性格形成了現代西方文明的一個特徵。近代西方國家不斷向外擴張，尋找市場、原料、廉價勞力、及金銀財寶等，構成了上述十五世紀以降在海外探險、拓殖、劫掠、貿易等方面的活動，馬克思稱之為「原始積累」。資本主義確立之後，主要是進行「資本主義積累」，即剝削剩餘價值。剝削剩餘價值也有兩種途徑，其一是增加工作時間或壓低工資，這是「絕對剩餘價值」；其次是提高勞動生產力或改進生產方法，這是「相對剩餘價值」。前者是工業革命早期常用的方法，所以造成工人的悲慘境遇；後者（相對剩餘價值）則是其後所沿用的方法，可有很大的空間，以加速資本的累積，也是推動科技持續發展的主要動力（馬克思，1975）。

　　宗教改革　基督教發展到十六世紀初，腐化嚴重，其中最為人詬病的就是販賣赦罪券（indulgence）以搜括民財、徵收十一稅，以及買賣教職等，於是出現改革的呼聲。路德本人早年原是一個依照教會的傳統潛心苦修的教士，有一天他在研讀聖經時看到「義人必因信得生」時，突然覺悟到原來人的得救，只是因為他對神的信仰以及神的恩賜，其他一切外在的善行、懺悔並不能保證使人得救。有了這樣的信念之後，路德於 1517 年萬聖節發表《九十五條論綱》，攻擊當時

教會出售赦罪券，連帶也否定了教會和教宗的權威，只承認聖經的權威，教宗宣布把路德逐出教會。宗教改革於焉開始，基督新教遂告誕生了。

在路德的追隨者中，喀爾文（Jean Calvin）的影響很大。他把新教的主張組織成一個清晰完整的神學系統，其基本信念是：人的得救與否完全是神預先設定的，人無法藉善行或懺悔來改變自己的命運。但這並不是一種放棄行動的宿命論，相反地，虔誠的信仰與完美的德行是每一個即將得救的基督徒的義務，這些人是上帝的選民，應該為了榮耀神而努力，在世間努力工作。喀爾文教義受到許多工商業者歡迎，因為他們從此可以安心地一面追求世間的成就與財富，一面仍不失為虔誠的教徒，將在世間所得看作是榮耀上帝的禮物。

韋伯也認為喀爾文教義的俗世制欲的精神和資本主義有密切關係。依據韋伯的說法，西方的宗教改革和現代性的關係密切，因為新教（尤其是喀爾文教派）的俗世制欲的教義與資本主義的精神之間有內在的連繫，新教徒幫助促進現代資本主義的建立，從而推動現代社會的形成（Weber, 1958）。

宗教改革之後，歐洲經歷了近一百年的戰亂（十六世紀中至十七世紀中），都和宗教派別的爭執有關。宗教戰爭促成了歐洲民族主義的興起，此後各國之間的外交往來逐漸具有現代的雛形，只談國家民族利益關係而不論宗教信仰。而且在宗教戰爭結束之後，歐洲各國才真正開始在宗教方面採取寬容的政策。可以說宗教改革之後，歐洲不論在宗教上還

是在政治上都趨向於多元化。

歐洲文藝復興代表歐洲人對世俗文化的肯定和對個人精神獨立的鼓勵。這兩種精神和新教改革的精神很接近。新教要每一個人單獨面對上帝，正是一種個人主義的精神；而喀爾文派主張以世俗的成就來榮耀上帝，也承襲了文藝復興時代肯定世俗生活的精神。

民族國家　歐洲中古時代一般人原無民族思想，只有地方觀念。自從十字軍興起以後，歐洲人與外界接觸，始逐漸產生民族意識。再加上中國發明的火藥傳往歐洲，原來無權的歐洲各國國王，就憑藉著火藥大砲，攻打依據堡壘割據自雄的封建諸侯，而將國家統一起來。十五世紀以後，歐洲興起許多民族國家，如英、法、西、葡、俄、丹等，其國王對內都竭力鎮壓原有的封建諸侯，王權日益提高。王權提高就形成專制政治，歐洲專制政治在十七世紀間發展到最高峰。不過本章在此強調的是歐洲民族國家的建立，這是現代的政治單位，擁有主權以及確定的疆域。

民主革命　1685 年英國國王詹姆士二世即位後，積極恢復舊教和專制統治，致使人心大憤。國會中王黨（Tory）與民黨（Whig）兩派議員決定聯合驅逐詹姆士二世，並於 1688 年派人迎接出嫁在荷蘭的詹姆士二世之女瑪麗（Mary）及其夫婿威廉為英王。當瑪麗和威廉抵達英國時，全國軍民熱烈歡迎，詹姆士二世被迫逃亡，威廉順利即位，稱為威廉三世。這次革命因未流血，所以稱為「光榮革命」（Glorious Revolution）。威廉三世既因國會擁戴而即王位，即位後就都

聽從國會的主張。國會在 1689 年通過《**權利法案**》（Bill of Rights），經威廉三世簽字遵守。其中規定：1. 國王未經國會同意不得徵稅募兵；2. 議員在國會中享有言論自由；3. 國王不得否決國會通過的法律和法案等。從此以後英國專制王權結束，國會成為最高的立法機構，掌握了國家最高的統治權。從此奠下了英國民主政治的基石。

1776 年美國宣布獨立後，事實上尚無統一的政府，由臨時主持軍政事務的大陸會議草擬一憲章，即《邦聯條例》（Articles of Confederation）。後經各州議會的批准，組成邦聯政府。但是獨立戰爭結束後，各州均欲保持獨立自主權，邦聯政府幾乎瓦解。1787 年各州重派代表，另訂新憲法：採取孟德斯鳩三權分立的學說，立法權由國會執掌，司法權由各級法院執掌，行政權由每四年改選一次的總統執掌，這是近代第一部根據民主學說制定的成文憲法。後來根據憲法舉行大選，華盛頓當選為首屆總統，組織聯邦政府，建立近代第一個民主的政府。

1789 年的**法國大革命**乃西方另一次的民主革命，對後世影響很大。法國大革命所提出的理想——自由、平等、博愛，雖然一時無法實現；而推翻君主專制建立民主共和政體也遭遇甚多波折，仍然是政治現代化的重要指標。民主思想及制度為西方現代性的重要特徵，和上述城市中產階級的興起有密切關係，民主比較符合中產階級的利益。再者，由上述美國獨立和法國大革命可知，在民主政治建立的過程，常需要運用暴力，以排除障礙。

科學革命　　一直到十七世紀為止，大部分歐洲人對宇宙的觀念，是由亞里斯多德的物理學、托勒密的天文學和基督教的神學所混合而成。根據此觀念，地球為宇宙的中心，其他星球圍繞地球做圓形運動。在其他領域如生物和化學方面，當時也有一些類似的假設，如世界是上帝創造的，萬物均在一種和諧的秩序之中。這些理論都相當依賴過去的權威，墨守成規。當時歐洲人還缺少一種憑藉人的理性來瞭解世界的態度與信心。一直到十七世紀的科學革命才有所改變。

　　哥白尼認為托勒密體系一個最嚴重的缺陷就是太過複雜。根據托勒密的計算，所有的天體大約固定在八十多個互相牽連的球形軌道上繞地球旋轉，同時還有許多不規則的運行。哥白尼卻相信，上帝所造的宇宙，應該要比這個模式簡單而和諧多了。他的大發現是：若太陽是宇宙的中心，許多在托勒密體系中的不規則情況都可以迎刃而解。不過哥白尼並無法證明地球繞日的假設，而且他的模式也還不能真正解釋所有的天體運行，因為他相信天體運行的軌道一定是正圓形的。

　　在哥白尼去世約半世紀後，另一位天文學家開卜勒終於利用更精確的觀察和計算，證明了太陽中心說的正確性。不過他所算出的星球運行軌道是橢圓，而非正圓，這橢圓軌道正好解釋了一些天體運行的「不規則」現象。這麼一來，所有的天體運行都可以用簡單的數學公式來表示。哥白尼的想法終於得到證實。

　　和開卜勒同時代的伽利略在力學方面有很大突破。他靠精確的實驗方法，發現了「靜者恆靜，動者恆動」的慣性現

象，以及自由落體的性質。牛頓則綜合了開卜勒和伽利略的理論，加上他自己的創見，而導出他的三大運動定律和萬有引力定律，並組織成一套相當完備的數學系統。從此以後，一切物體的運動都可以用數學公式來描述，遂成為所有物理學家的基本信條。

在這些天文學和物理學的發展影響下，當時歐洲人傾向於把宇宙當作一部龐大的機器，人可以觀察或用實驗法研究它的運行規律，並以數學語言來表達，而這些所憑藉的無非是人的理性。科學理性也是現代性的界定特徵。科學技術在預測及控制自然方面的確有其優越之處。近代西方的科技迅速傳播到全世界，成為現代的「福音」。

啟蒙運動　由於受到十七世紀之科學革命及「新科學」的啟發，啟蒙思想家對人類的「理性」抱著很高的期望，他們推崇的「理性」是現代性的重要內涵。這種西方理性主要表現在科學及技術方面，意圖有系統地、有方法地理解、預測及控制自然。科學知識是一種能夠累積的知識，從中可以看到不斷突破和進步的軌跡。自然科學應用到日常生活上，產生了工藝技術（technology）和工業（industry），使物質生活獲得不斷的改善。所以從十八世紀以來，「進步論」成為一種甚為流行的思想，例如：聖西門（Saint-Simon, 1760-1825）和孔德（August Comte, 1798-1857）的人類發展三階段說：神學的、形而上學的、以及實證科學的；馬克思的社會階段論也是基於生產力或科技的一種進步論。斯賓塞（Herbert Spencer, 1820-1903）主張人類社會是從強迫

協調的軍事社會演進到自願合作的工業社會；甚至涂爾幹的機械連帶（mechanical solidarity）和有機連帶（organic solidarity）也有演化或進步的涵義，雖然已經沒有像十八世紀的哲學家那樣有信心了。這種進步的信念及對未來樂觀的展望，到了二十世紀逐漸受到了質疑，尤其是經歷了兩次世界大戰之後。這在現代性的發展上是一個重要的轉折，後文會再加說明。

當代德國社會理論家哈伯馬斯以啟蒙方案——即啟蒙思想家為人類的未來所擘畫的藍圖——來界定現代性，哈氏認為此方案一直到當代還在繼續執行，尚未完成（Habermas, 1981, 1983）。

工業革命　工業革命一方面開始大量採用無生命的能源，以取代人力和獸力從事生產；另方面是集合大量的資本與工人在一個場所，從事生產活動，這是工廠制度的起源。英國是最先產生工業革命的國家，其因素有一些是和現代性有關，值得在此注意：

（1）英國是最早獎勵發明及提倡科學研究的國家。1624年英國就制訂專利法，規定新生產技術的發明人，可向政府申請專利；1660年英國又設立**皇家學會**，提倡科學研究。

（2）英國在十六、七世紀間相繼擊敗西、荷等國以後，不僅掌握了海上霸權，而且成為歐洲主要的商業國家。

（3）英國在十六、七世紀以後積極向外爭取殖民地，因此到了十八世紀後期，英國已擁有廣大的殖民地，號稱「日

不落帝國」。殖民地既有原料，又有市場，有利於英國工業的發展。

（4）英國既有廣大的殖民地，加上工商業發達，財富累積深厚，乃有充裕的資金從事生產技術的改良及工業的擴建。

（5）英國自從光榮革命以後，民主政治或議會政治確立，國會控制國家財政，政府無法任意增收稅捐，私人資本得到保障，人民多向工商業發展。

法國、比利時、普魯士、瑞典等一些歐洲國家，繼英國之後，也積極發展工業，不過這已是十九世紀中葉之後的事了。十九世紀後期，美國工業也急起直追，成為英法的強勁對手。由於每一個國家原來的政治經濟情況不一樣，加上先發展國家的壓力，因而面臨不同的問題，發展的方式也有差異。例如鐵路的發展，在英國是工業革命開始一段時間之後才大為發展，由私人經營，政府並沒有任何計畫。但在法國和比利時，有鑑於英國發展鐵路之後得到許多利益，於是政府決定主動而有計畫地修建鐵路，促進其他工業的發展。

由此可見，歐洲各國工業化的道路也不盡相同，過度的概推可能會抹煞重要的歷史差異。任何從「先進國家」概推而得，意圖應用到「第三世界」的現代化模式，都必須經得起歷史事實的考驗，否則可能流於學者的意識形態的虛構，或是窒礙難行，與當初的目標南轅北轍。

以上所指陳的歷史現象都是西方文明的要素，現代性就是由這些歷史事件或運動所形塑的，同時也包含了這些事件

及運動的成果和精神。茲表列如下：

	城市的繁興（11-13 世紀）
	文藝復興運動（14-15 世紀）
	海外探險及殖民主義（15-19 世紀）
	資本主義（14-20 世紀）
西方現代性的形塑	宗教改革（16 世紀）
	民族國家（15-17 世紀）
	民主革命（17 世紀）
	科學革命（17 世紀）
	啟蒙運動（18 世紀）
	工業革命（18-19 世紀）

　　城市為不同來源之人匯集的地方，是新經驗及變遷經驗
孕育的場所。文藝復興運動使得世俗文化（相對於宗教文化）
抬頭，人本身的尊嚴及地位受到肯定，人文主義得以確立。
海外探險及拓殖使得東西方及南北部有了較多的及經常的接
觸，殖民主義也推動世界分工體系逐漸形成。資本主義是西
方現代性中一種不斷積累及不斷擴張的動力，推動著西方勢
力向外侵略擴張，即殖民主義及帝國主義，也推動著科技和
工業的發展。新教的改革使得宗教生活和世俗的工作可以調
和，甚至相輔相成。民族國家是現代的政治單位，擁有主權
以及確定的疆域，也是現代世界秩序的基礎。民主政治或議

會政治和上述民族國家一樣，也是政治現代性的要素，這是中產階級多數統治的形式。

　　科學乃現代世界最具優勢的知識形式，它是「西方理性」的體現。理性主義和樂觀進步論是啟蒙運動的要素，也是哈伯馬斯所謂「啟蒙方案」或「現代性方案」的精神，企圖將理性實現在社會生活的各個層面。對韋伯而言，現代化就是理性化（rationalization），這主要還是繼承了啟蒙運動強調理性的傳統。工業革命提供了現代社會的物質基礎，也是理性精神在生產方面的實現。「理性」（或「西方理性」）可看作是現代性的一個主要成分，不過理性一方面無法概括現代性的內涵，另方面關於理性的內涵或定義的爭議不下於現代性。所以用理性來界定現代性，乃至於將現代性等同於理性，都是不夠周延的。諸如近代西方的殖民主義和帝國主義以及現代性形成發展過程中的暴力和非理性現象都是現代性的一部分。除非是出於種族偏見或價值判斷，否則不應把這些歷史現象排除在現代性之外。所以現代性在本書作者來看，相當程度應該是一個中性的歷史概念。而理性卻是一個帶有正面價值判斷的概念，甚至是一個深受西方中心主義影響的概念。

　　「西方理性」與非理性之間其實有一種辯證或轉化的關係，這從科技發展的過程可以看得相當清楚。在此套用曾任捷克總統的思想家哈維爾（V. Havel）（1992: 132-35）說過的話，**現代科技想要控制或改造自然，到頭來卻毀壞了自然，想要控制環境，卻破壞了環境。**從二次大戰以來，這種「理

性」的非理性面或陰暗面越來越明顯。這可看成是「西方理性」的弔詭。

　　所以從本章的觀點來看，**民國初年五四運動所標榜的「民主」和「科學」無法涵括西方現代性的內涵；黃仁宇先生常說的「數目字的管理」更不能概括現代性的內涵。**如上所述，現代性涉及文化、宗教、科技、政治、社會階級、經濟等等，很難一起移植到另一社會，這是第一層的問題。第二層：如上所引「橘逾淮為枳」，即使部分能移植到另一社會，其結果或變化也很難預料，看看日本和臺灣的所謂「民主政治」就知一、二。第三層是應然的問題，即有些現代性的面向值不值得移植或取代已有的事物。新加坡的鞭刑成為國際輿論的話題，且被美國總統點名批判。曾任新加坡總理的李光耀卻宣稱鞭刑對新加坡的治安和穩定有幫助，沒有廢除的必要。不過在這個事件中，新加坡在國際政治和輿論上面臨了極大的壓力。

　　現代化理論在討論現代化時，都很快地概括為：工業化、都市化、民主化、世俗化、專業化等模式（Kumar, 1978: 64-111），放之四海而皆準，一個國家或社會想要現代化，都必須從事上述的變革。本節企圖把現代性及現代化擺在西方（尤其是歐洲）的歷史脈絡來瞭解。這樣做並不是像現代化理論那樣，為了要現成地應用到非西方社會，以造就一個個像西方社會一樣的現代化社會；而是為了要更為恰當地瞭解現代世界的性質和來龍去脈，以便瞭解第三世界國家之處境及問題。

2.2. 全球現代性的發展——全球的觀點

現代性是在西方所形成的，現代化最早也發生在西方，由於西方現代性的一些歷史要素如資本主義、殖民主義、帝國主義，甚至於基督教，都有向外擴張或散播的趨勢，甚至如韋伯所說的，隱含有主宰世界（mastery of the world）的意圖（或許這就是近代所謂「西方帝國主義」的因素），隨著西方勢力的擴張，現代性遂成為世界史的一個範疇，不再侷限於西方或歐洲，「現代世界」（而不僅僅是現代諸社會）逐漸形成了，而此現代世界的形塑及推廣是由西方強權所主導的。

上文曾以賽跑模型來說明現代化理論；在此，我們可以用另一個模型來說明現代性和現代世界的形成。我們可以想像一個「現代性的漩渦」，發源於歐洲，而且在歐洲醞釀、發展了幾個世紀，即上文所述的「西方現代性」的時期。隨著歐洲勢力向外擴張的過程，此漩渦的範圍越來越大，終於席捲了全世界。位在於此一漩渦不同的位置，承受沖擊的程度和方式因而有所不同，例如有些地區比較接近原始的核心區——西歐，可能比較早接觸到現代性，有些地區距離核心區比較遙遠，即比較邊緣。例如俄羅斯在彼得一世即位（1689年）後就以西歐為模式，在政治、財經、軍事、文化、教育和宗教等方面進行一系列的改革，也就是所謂的西化或現代化（《大不列顛百科全書》，4：423）。又如印度也在大英帝國統治下，於十九世紀前三十年實行了政治、經濟、軍事的改革（同上書，17：132）。相對而言，日本和中國進行現

代化或西化都是比較晚的事（十九世紀下半葉，明治維新約始於 1870 年，百日維新 1898 年）。再者，這個大漩渦逐漸發展出若干個核心（或漩渦眼），除了原有的核心——西歐之外，美國、蘇俄、日本爾後也都分別形成了現代性的核心，分別帶動世界各個地區的現代化。這種多核心的現代世界的結構，造成了以色列社會學家埃森斯塔（S. N. Eisenstadt）所說的「多元的現代性」（multiple modernities）。若從這一個觀點來看，到目前為止，「現代化」其實就是「西化」，都代表從十五世紀以來，隨著歐洲或西方勢力的擴張，而將現代歐洲社會文化的特徵（所謂「現代性」）傳播到世界其他地區的一個過程。所以現代性有它時空上的根源和侷限，現代化也不具有普世的價值。

如上所述，現代性的一些要素具有不斷自行累積、向外擴張的傾向，所以**全球性**應該可以看作是內存於現代性之中。而全球化也是現代化洪流中的一個趨勢。本世紀以來，此全球性越益明顯。本章所謂的全球性可分兩個層次來理解，從客觀的層次而言，全球形成一個密切互動或交流的體系或單位，這不但在經濟上是如此（如華勒斯坦所論證的），在政治上、軍事上、生態上、資訊傳播上、以及文化上都是如此，這些層次可能會互相加強。其次從個人主觀的層次而言，個人從上述之客觀基礎上發展全球意識（global consciousness），即意識到全世界或全人類為一個整體，甚至是一個命運共同體（a community of fate）。晚近之現代化中一個越來越明顯的趨勢就是全球化，亦即各國家或地區被整合到一個全球體系（global system）裡面的過程。全球

化可設想為一種時空收縮（time-space convergence）的現象，地球好像變得比較小了，資訊傳播越來越迅速，變遷也越來越快，全人類好像生活在同一個空間或領域裡，科技的發展克服了空間的阻隔，誠如古諺所說的「天涯若比鄰」。傳播學者麥克魯漢（McLuhan）用「地球村」，而羅伯森（Robertson）則用「地球城」（global unicity）來描述現代世界的這種情景（Robertson, 1992: 6）。「全球性」及「全球化」的另一面是國際糾紛、衝突增加了，全球範圍的支配或霸權現象出現了，現階段這一面似乎比較明顯，本章最後一節將會對此有所說明。

上述的歷史發展可以圖示如下：

西方的現代性及現代化→現代世界的形塑→第三世界的現代化→全球體系的形成

「現代世界」乃以西方為中心的世界構成及世界觀，比較具有象徵意義；「全球體系」則指涉全球各地整合成為一個相關互賴的體系，是一個全方位的概念，包括經濟、政治、軍事、生態、傳播、文化等層面，也是一個比較描述性的概念。

依照華勒斯坦的研究，在十六世紀已經有一個**歐洲的世界經濟體**（European world-economy）存在，此經濟體的範圍當然是比全球的範圍小，不過也是超出歐洲範圍之外的一種分工體系。所以像巴西就是其中的一部分（Wallerstein, 1974: 301）。從十六世紀起，隨著歐洲的工業發展以及對

外的擴張（包括貿易及殖民統治），資本主義的世界體系逐漸形成。晚近 GATT 的運作以及烏拉圭回合談判決議成立的 WTO 都是經濟之全球性及全球化的表現。當前資本、人力、技術在國際間流動很頻繁，所謂的海外投資、外籍勞工以及技術合作乃今日各國常見的現象。例如，就目前全球最大的外資流入地中國大陸而言，1991、92、93 三年間流入的外資分別為一百一十億美元、二百四十億美元、二百七十億美元，三年共計流入六百二十億美元！而臺灣對中國大陸的投資至 1993 年已達一百二十八億美元，對東南亞的投資已達一百六十億美元。以上臺灣對外投資的統計只限於經過政府核准者。由此可見資本全球化之一斑。

歐洲國家自十六世紀起競相實行殖民主義，據統計，1815 年時歐洲國家的殖民地佔全球土地的 35%，到一次大戰前夕（1914 年），這個比數增加為 85%（《大不列顛百科全書》，17: 441）。英國佔有的殖民地更多達本國領土的一百二十五倍，成為橫行世界的「日不落國」。殖民地經過兩次世界大戰之後，紛紛獲得獨立，成為民族國家。前此是殖民者與被殖民者或宗主國與殖民地之間的關係；此後則是國家與國家之間或國際的關係。一次世界大戰末所成立的國際聯盟，以及二次大戰後成立的聯合國，都是民族國家體系形成的重要里程碑。所以現代世界在政治層面上就形成了一個相當廣泛的**民族國家體系**（a system of nation-states），截至 1971 年為止聯合國會員國總數達一百三十二國，至 1990 年代已增至一百八十餘國。這是為什麼我把二次大戰之後看作是現代性高度發展或全球現代性的階段的理由之一。

二次大戰還有一個分水嶺的意義。1945 年 8 月 6 日和 9 日美國先後在日本廣島和長崎各投下一顆原子彈，在廣島造成十四萬人死亡，在長崎則有七萬人死亡，日本人大感恐慌，因而無條件投降。此後美蘇核子武器競賽以及冷戰就成為威脅人類生存的隱憂。這標誌著現代性發展上的一個里程碑。軍事武力的秩序已足以威脅到人類的生存，甚至可能毀滅地球。換言之，已成為全球性的危機（global crisis）。前此有些西方思想家所疾呼的現代性的危機大都是歐洲社會及文化的問題，不是全球性的。例如史賓格勒（Oswald Spengler, 1880-1936）說的「西方的沒落」，索羅金（P. A. Sorokin）說的「感性文化的危機」等等。核武的威脅可說是最典型的由科技發展所造成的現代全球性的危機，如果套用德國學者貝克（Ulrich Beck）的概念，我們今日乃生活在一個「充滿風險的世界」（Risk World），此風險主要是來自人類自身科技的發明及發展，需要人類去共同面對、解決（Beck, 1992）。世人有鑑於此，遂有美蘇裁減核武的長期談判以及不絕如縷的反核運動或和平運動。

軍事武力是一國國力很基本的要素，用以保衛自身的利益。軍事力量包括的元素有：人員、武器、訓練、組織等等。在高度工業化的時代，軍事也被高度工業化了，武器裝備精良與否就具有決定性的影響了。在波斯灣美伊戰爭期間，美軍以高度精良的武器（尤其是飛彈）輕易打敗了伊拉克，令人印象深刻。軍火工業的生產、銷售也成為全球性的產業，有些國家（不限於西方高度工業化國家，例如中共、南非、以色列、捷克等）是以輸出軍火來賺取外匯，形成相當穩定的供需關係。

目前現有最具殺傷力的武器就是核子武器，核武基本上是備而不用的，二次大戰之後就沒有再被使用過，尤其在敵對國家都擁有核武的情況下，哪一方都不敢輕易使用。但是很多國家還是希望而且設法擁有核武，這是因為一方面核武可以當作國際政治上的重要籌碼，二方面擁有核子武器被許多人認為是一國國力和地位的一個指標，三方面擁有核武也被許多人認為是國家獨立自主及安全感的保證。到目前為止確定擁有核子武器的國家有：美國、獨立國協、中共、英國、和法國五國；另外，印度、巴基斯坦、以色列、南非、南韓及北韓等國則是傳聞擁有核武，尚待進一步證實。核武的分布不僅關乎全球的軍事秩序，而且和人類的命運息息相關。

生態環境也是全球現代性的一個重要面向。今日的生態問題越來越具有全球性，雖然是在某一地點發生的，其影響卻很遠而且很快。在此可舉俄國車諾堡災變為例，車諾堡是基輔附近的一座核電廠，1986 年 4 月 26 日它的一座核能反應爐爆炸，當場炸死三十一人，輻射物隨著雲層的擴散，使得烏克蘭、俄羅斯的大部分地區都籠罩在高危險量的輻射之下。連東歐、西歐、北歐等地也受到波及，農畜產品也受到汙染。從這個個案裡面可以看到今日生態環境問題的全球關聯性。

因此從另一方面而言，今日生態問題的解決也必須聯合所有國家和地區，共同謀求對策。只要部分國家或地區杯葛，甚至只是消極地不合作，就很難改善；例如臭氧層遭破壞的問題就需要全球各地合作解決，最近據報載此問題已漸趨緩和，也是國際合作解決的績效卓著。所以國際籌組召開地球

高峰會議共謀生態問題的防制及解決之道。晚近國際環保組織傾向於運用種種方法來制裁不合作的國家，因為他們瞭解這是全球性的問題，必須聯合採取一致的行動才能解決。生態問題的發生固然是在某一個國家或地區裡面，其影響卻常常是全球性的，其解決因而也必須是全球性的。今日生態問題的全球化極為明顯，不待辭費。

傳播科技是今日全球化的一個重要動力，也是全球現代性的一個重要面向。例如透過衛星轉播，今日的電視通訊可說是無遠弗屆、超越了國界，而且可以同步轉播。大陸天安門事件和俄國的政變發生之後幾個小時，就引起了全世界的關注，這不能不歸功於現代的傳播科技，克服了空間的阻隔以及時間的延宕，使時空大大地縮小了。

隨著傳播科技以及移民、旅遊、貿易、留學等活動，**文化交流**大大增加了，有些文化內容或象徵也隨之傳播到全球，例如法語、英語、美語、美國好萊塢出品的電影及電視影片、可口可樂、美國速食文化、基督教等等；相對而言，其他文化也跑到美國，如日本汽車、日本和中國的武術、中國餐館、佛教（尤其是禪）等等。雖然我們目前無法斷定未來是否會有一個共同的世界文化出現，不過不同文化之間的交流、採借或涵化的確已達空前的程度。相對而言，不同文化或文明之間的衝突事件也越來越頻繁，就以最近十年來說，中東（以、阿）問題、美國與中東回教國家的糾紛、美國與第三世界國家（尤其是中共）關於人權的爭議、美國與新加坡關於鞭刑的爭執等只是比較顯著的例子而已。這是晚近文明衝

突及文化政治（cultural politics）之類論述興盛的脈絡。

	世界經濟分工
	民族——國家體系
全球現代性的	全球軍事秩序
重要面向	全球生態體系
	國際資訊傳播秩序
	國際文化交流

這是一個全方位的觀點，避免孤立地看任何一個環節，從而膨脹任何一個側面。

3. 霸權與現代世界

上述由西方現代性發展到全球現代性，以及全球化的發展，並不是要描述一種烏托邦或者世界大同的情景；在本章中，全球性或全球化只是當作現代性發展的一種趨勢，即全世界在幾個重要的層面上逐漸整合為單一的互動體系，我們稱之為「全球體系」。在全球體系的各個層面上的互動增加了，互動一方面包括合作、交流、聯盟，另一方面也包括衝突、宰制、剝削等。後者在當前尤其重要，本節旨在指陳此一現象。

在全球體系各個重要層面上都有霸權或政治因素的存

在和運作，因而有強勢與弱勢、剝削者與被剝削者等不平等的區分。例如華勒斯坦把資本主義世界經濟體分為三種地區——核心、邊陲、半邊陲，雖然是按世界經濟中的分工來區分的，同時也是一種權力和利益的階層化。過去 GATT 的烏拉圭回合談判也是美國在主導，主要也是反映美國、歐體、俄國、日本等世界霸權的利益。

全球體系的其他層面同樣有霸權的存在和運作。在生態體系上，歐美國家（如華盛頓公約組織〔CITES〕）或有關的民間組織也在「普世利益」（universal interest）的名義底下，以「世界警察」的姿態出現，利用各種手段來干預或監督各國的生態環保政策及其執行。世界保育組織以相當強烈手段干預臺灣使用犀牛角和虎骨的事件，多少反映了「西方中心主義」或「歐洲中心主義」的心態及行為。

在**資訊傳播**上，西方自由主義者以「國際資訊傳播的自由流通」以及自由市場為理由，反對各國對資訊傳播作任何的管制措施，結果歐美資訊大量流入第三世界，形成一種「單向傳播」。有人稱之為「媒體帝國主義」（李金詮，1993：253-88）。例如在蘇聯、東歐共黨政權崩潰前，「全球四大通訊社——美聯社、合眾國際社、路透社與法新社，控制了共黨世界以外四分之三以上的新聞發布與新聞流通，提供全球數十億人有關國際的消息與資訊。」（彭芸，1993：302）四大通訊社當初就是為了歐美國家統治其殖民地而建立的新聞網絡，故可稱之為「殖民地時代的遺產」。如今殖民時代早已過去，此遺產仍然支配著第三世界的新聞傳播。除了新

聞之外，歐美的廣播、電影、電視節目、報紙、雜誌等也大量流入第三世界。這些現象一方面是資訊全球化的一個證據，另方面也證明國際媒體霸權的存在，這種現象是否會造成「新殖民主義」或者思想文化上的殖民主義是值得進一步研究的問題。

同理，所謂「文化帝國主義」（cultural imperialism），意即在文化交流上嚴重失衡，甚至只有單向交流。近年來越來越多學者注意「文化政治」或「文明政治」（politics of civilizations）的現象，即文化領域內的權力宰制、衝突、聯合、妥協等現象，包括各大文明之間的衝突、交流、採借等關係。美國政治學者杭廷頓（Samuel P. Huntington）1993 年在《外交事務》（*Foreign Affairs*）季刊發表了一篇引人矚目的文章〈文明的衝突？〉（The Clash of Civilizations?），主張今後文明的衝突將取代意識形態的衝突、經濟衝突，成為未來國際政治鬥爭的主線，並提出西方世界要防範儒家與伊斯蘭兩大文明聯合起來（Huntington, 1993）。[5] 杭廷頓的文章一方面稍嫌誇張了文化或文明認同的分量，其實國家認同、種族認同、性別認同、階級認同以及家族認同在現代世

5　從文明的角度來看世界事務或世界史在西方思想界已有脈絡可循。二次大戰後德國思想家史賓格勒發表他的鉅著《西方的沒落》，其後英國史學家湯恩比（A. J. Toynbee）撰寫的《歷史研究》，以及美國歷史學者麥克尼爾出版的《西方的興起》都是以文明為他們的研究單位。這裡所說的「文明」即杭廷頓界定的「文明是人類文化最高層次的組合，也是人類文化認同的最廣領域」（Huntington, 1993: 24）。

界都還是很重要的；另一方面該文幾乎完全沒提到文化交流、融合的面向，從杭廷頓的論述來看，文明好像是一個個無法互相滲透、交流的單元，而只是互相敵對戰鬥的單元。在歷史上各文明之間的交流、採借以及融合，對於各文明的發展都曾發生很大的影響，如中國文化東傳日本、佛教傳入中國，或者近代許多文明的西化都是顯著的例子。除了上述的保留意見之外，我倒是相當贊同杭廷頓說的文化或文明的因素在國際政治上或在全球事務上有越來越重要的趨勢，這從國際上所發生的一些議題，如上文提到的中東（以、阿）問題、美國與中東回教國家的糾紛、美國與第三世界國家（尤其是中共）關於人權的爭議、美國與新加坡關於鞭刑的爭執等，可以發現。

由於國際上霸權的流行，使得上述所謂的「全球民主」或「國際民主」似乎只是個烏托邦。聯合國大會裡的一國一票只是民主的表象而已，大國實際上仍然主導著國際局勢。「常任理事國」的設置其實就是對國際現實的一種妥協，不符合民主原則。

結語

本章從現代化理論的省思作為切入點，嘗試推展出一個

對現代性及現代化比較妥當的分析架構。文中用「賽跑模型」（跨欄賽）闡明現代化理論的思考模式，所有社會（像參賽者一樣）都從同樣的起點出發（所謂的「傳統社會」），沿著同樣的路線，經歷相同的階段（跨過同樣的幾個高欄或低欄），要到達同樣的目的地（所謂的「現代社會」）。這樣的思考模型，一者有「反歷史」的傾向，低估各個社會的歷史文化脈絡對於社會變遷的途徑和結果的影響；這種低估也導致「烏托邦」的傾向，以為任一社會經由一定的途徑，就能達到「現代社會」，和西方國家一樣，同享安定、富裕的生活。現代化理論也有一種「命定論」的傾向，隱含一種單線演化論，即經由一定的途徑，一樣的發展階段，達到同樣的目標。它還預設了一種「自由主義觀」，亦即每一個社會要不要實行「現代化」主要乃基於各自的需要及選擇，而非霸權運作的結果。

本章用**漩渦模型**闡明現代性。「現代性的漩渦」最早發源於歐洲，由於現代性的積累、擴張的特質（和資本主義、殖民主義、帝國主義等的性質相對應）以及歐洲人的活動，此漩渦越捲越大，先是波及非洲、美洲，繼而波及印度、東南亞、中國、日本，終於席捲全世界。現代性漩渦在歐洲發源以及早期發展的階段，本章稱之為「西方現代性」；此漩渦席捲全世界後，本章稱之為「全球現代性」，一方面代表現代性的進一步發展，另方面則顯示全球性及全球化已發展成為今日之現代性的顯著面向了。這是現代性高度發展的時期。由於全球化的發展，全球已經形成了某種體系或秩序了。到目前為止，這已經是一個「現代世界」了，此現代世界的

形成過程即現代化。全球化也是現代化的一部分。絕大多數的國家或地區都自願地或被迫地整合到此「現代世界秩序」，例如今日我們在臺灣不配合西方保護稀有動物也是不行，不保障臺灣民眾的基本人權也是不行，在經濟方面不自由化國際化也不行。中共的人權則承受著西方國家極大的壓力，新加坡的鞭刑也是如此。此整合到「現代世界」的過程，也就是各個地區和國家現代化的過程。基本上現代世界乃依循由西方強權所形塑及主導的秩序，其遊戲規則也是西方強權主導下所制訂的。

所以到目前為止，現代化其實就是西化。東南亞地區近年偶有所謂「要現代化而不要西化」的呼聲（例如李光耀），這不是不可能，不過必須配合西方霸權的消退，以及非西方政經力量的增強，以達到比較平等的世界秩序。這一方面固然還是要繼續向西方學習。不同文化或文明之間的學習永遠是有必要的，並不是西方今天主導了全世界，我們才向他們學習；另方面，上述的呼聲可以理解為一種本土化的自覺和趨勢，亦即重視本國或本地的需要和文化或者其他特殊性，而不再事事以西方之馬首是瞻。**本土化和全球化之間會有一種張力**，到底是強調本土的需要或特殊性，還是強調國際的標準或要求，經常表現在洋土之爭上。未來隨著西方與非西方勢力的消長，以及隨著非西方民眾的自覺和爭取，可預見的是本土化的趨勢將越來越強，前述的張力也將越來越明顯，而將會表現在西方和非西方在文化上和政治上的衝突。或許從這裡（即全球化與本土化的辯證或張力）可以看出「後現代」的端倪。

紀登斯

· 「現代性」指涉社會生活或社會組織的方式，誕生於十七世紀以降的歐洲，其後影響到全世界。

———— 紀登斯

· Sociological knowledge spirals in and out of the universe of social life, reconstructing both itself and that universe as an integral part of that process.

———— Giddens

· 現代社會和傳統社會的一個主要差異在於其時空的廣邈性，因此「地球村」或「地球城」的觀念應運而生。社會行動如何在此廣邈的時空中獲致協調及整合，就是現代社會的重要任務了。

———— 紀登斯

· 對紀登斯來說，他關注的是現代社會或現代性，我們甚至可以恰當地稱他為「現代社會的詮釋者」（The interpreter of modern societies）。

紀登斯

紀登斯

引言

1970 年代以降各種「後學」興盛，諸如「後工業」、「後現代」、「後結構」、「後殖民」、「後馬克思」等等，經過知識考掘學的反思，現代性的問題遂凸顯出來了。如不先確立**現代性**，就很難定位**後現代性**，乃至後工業主義。紀登斯的現代性學說是從**社會制度的角度**來探究的，有其特色。再者，他不贊同「後現代」的說法，不過現代性在當代社會已經有了質變，他稱之為「高度現代性」或「基進現代性」（Giddens, 1990: 149-150）。紀登斯的思想學說係以現代性為歸趨的。

曾任命為倫敦政經學院院長的紀登斯教授，被視為是英國社會學界的一個「現象」（phenomenon），這不但是由於他的多產，並且新說迭出，讓人有點目炫神迷。十八部專著（迄 1994 年）、二三百篇論文，以及近百本的合著、編著、主編等的書籍。[1] 今天唸社會學的人大概很少沒讀過他的著作或者沒聽過他的學說的。他的一些說法（如馬克思、韋伯、涂爾幹作為古典社會學三大家）及一些觀念（如批判社會學、結構化理論〔Structuration Theory〕等）已成為社會學的基本概念了，以致於有的著作現在看起來似乎「卑而無甚高論」。殊不知這是他的著作及觀念傳播開來的一個結果。舉一個例子：他在 1971 年出版的成名作《資本主義與現代社會理論》（*Capitalism and Modern Social Theory*）把馬克思、韋伯、涂爾幹當作歐洲十九世紀至二十世紀初社會理論的三

大家。他當時的這個提法主要是針對帕森思的鉅著《社會行動的結構》（*The Structure of Social Action, 1937*）。帕氏在他的書中把馬歇爾（T. H. Marshall）、巴烈圖（Vilfredo Pareto）、涂爾幹、韋伯四大家相提並論，而且以秩序問題作為當時社會理論的首要議題。而紀登斯則認為當時社會理論的首要議題並不是抽象的哲學議題——秩序問題，而是**資本主義**，乃至於**現代性**之類的歷史課題。從這個觀點來看，馬克思、韋伯、涂爾幹，乃至於齊穆爾（Georg Simmel, 1858-1918）都是重要的社會理論家。紀登斯的提法自從 1971 年該書出版以來，已被社會學界廣為接受，連一般社會學系的大學生都耳熟能詳。[2]

如前所述，紀登斯著作多、學問淵博，本章係以他對現代性的分析為主題。雖然 1990 年他才出版專論現代性的著作《現代性的諸般後果》，其實現代性或者現代社會的起源、性質以及變遷的問題乃是他關注的焦點，這也可以從他前揭的成名作看出。

1　以上資料主要根據他自己的一份簡歷（Curriculum Vitae）（1993 年 1 月）。

2　法國社會思想家艾宏（Raymond Aron）一部類似的著作《社會學主要的思潮》的下卷（1967）和帕森思著作一樣（可能受帕氏影響），把涂爾幹、巴烈圖、韋伯三家並列；不過該著作的上卷則把馬克思和孟德斯鳩、孔德、托克維爾（Tocqueville）等並列。艾宏的構想其實和帕森思的比較接近。

一、社會理論、社會學與現代性

　　帕森思的鉅著《社會行動的結構》一開始就提出「秩序問題」（Problem of Order），當作社會學的基本議題，書中所論列的理論家也是環繞著此一問題來展開他們的學說。紀登斯根本上就不贊同此種觀點。他認為社會學的主要問題不是社會秩序如何可能，而是現代社會在時空中如何延伸以及整合。所以紀登斯在論列馬克思、涂爾幹、韋伯之際提出「資本主義」的議題，這是一個歷史性的議題。擴大言之，這也是關於現代性的問題，資本主義只是現代性的一個面向。紀登斯參照現代性來討論古典社會理論，他也是如此看待社會學的。他後來提出的「結構化」（Structuration）也是關注一社會在時空上的構成和重構的。

　　社會學和西方現代社會或現代性具有共生的關係，不論是從歷史上來看或從邏輯上來看都是如此。從歷史上而言，社會學是伴隨著現代工業社會而產生的，是在現代社會發展成熟的十九世紀上半葉誕生的；社會學的研究對象主要是現代工業社會，而把其他形態的社會交給人類學和歷史學來研究。因此「社會學」與「現代社會學」（Modern Sociology）二詞其實是同義語。[3]對紀登斯來說，他關注的是現代社會或現代性，我們甚至可以恰當地稱他為「現代社會的詮釋者」，他的著作幾乎都是圍繞著這個關注及主題而寫的。他曾說過：

　　　　〔社會學〕係特定以「先進」社會或現代社會為焦

點的、社會科學的一個分支。這樣的學科特質只不過是意味著一種知識分工。（1984: xvii）

　　而對於社會學是否可用來理解或闡釋後現代的問題，紀登斯可就要回頭質疑「後現代」到底是否已成為事實此一前提了。從紀登斯後來的討論中可以看出他依然堅持地認為，即使有許多不同於現代制度所產生的社會組織或生活方式正在崛起，我們卻還是生活在歐洲啟蒙運動以來的那個「現代性」及其後續發展的社會制度中（ibid.: 45-52）。[4] 這個現代社會制度與傳統迥然不同並且有著空前的不連續性，分別表現在其變遷步調、變遷所及的範圍以及制度的性質上。

　　在把社會學關聯到現代性的問題上來討論的時候，紀登斯從對傳統理論檢討中提出了新的課題：首先，是**關於從制度面去理解現代性的取向問題**，他認為「包括從馬克思、涂爾幹以及韋伯的著作中發展出來的傳統，在詮釋現代性時都企圖要找出一個單一而首要的變遷動力。」（1990: 11）在社

3　目前後現代（主義）也被一些學者拿來和社會學如何定位的問題相提並論，不過他們並未聲稱要建立一種系統的、普遍的「後現代社會學」（Postmodern Sociology），而只是要對後現代主義或後現代性作一種社會學式的理解（a sociological understanding of postmodernity）（Featherstone, 1988: 208; Smart, 1990: 25-26）。

4　即現代性之高度發展或基進化的階段，他稱之為「高度現代性」、「晚期現代性」、「基進現代性」、或「反身現代性」。

會學理論爭議中，常常把現代社會秩序化約為（馬克思式的或韋伯式的）資本主義範疇，或者化約為（涂爾幹式的）工業主義範疇（ibid.: 1-12, 55）。紀登斯基本上反對傳統社會學理論的這種處理方式，而強調**現代制度的多面性**，這就是「現代性」的概念所要表述的。上述理論傳統所指涉的一些社會特徵（例如競爭、剝削、商品化、複雜分工、理性化等等）都可以概括在現代性裡頭（ibid.）。紀登斯在他談論現代性的著作裡提供了下述的定義：「『現代性』指涉社會生活或組織的方式，誕生於十七世紀以降的歐洲，其後影響到全世界。」（ibid.）

其次，是社會學研究對象——社會——的定義問題。紀登斯提出兩個創見，其中第一個和他所謂多面向制度的分析架構有關，而第二個提法則重塑了過去社會學理論中對所謂社會體系的想法。簡單來說，紀登斯認為作為社會學研究對象的所謂「社會」，其實是「民族國家」的代名詞。這個研究對象從未被嚴謹地加以理論化，而在紀登斯分析現代性的架構中，民族國家扮演了重要的角色。他認為傳統社會學的秩序觀已經不通用了，而思以其所謂的「時空延伸」（time-space distanciation）架構來加以替代。「秩序問題被重新定義為社會體系如何結合時間與空間的問題……即組織時間與空間以連結在場者與不在場者的條件。」（ibid.: 14）**現代社會和傳統社會的一個主要差異在於其時空的廣邈性，因此「地球村」或「地球城」的觀念應運而生。社會行動如何在此廣邈的時空中獲致協調及整合，就是現代社會的重要任務了。因此，現代交通及通訊的科技扮演了關鍵性角色。**

第三、紀登斯似乎把**社會學知識**當作現代社會運作的關鍵因素，一方面推動社會的運轉，同時這個因素的性質或結構也將由於此運轉的歷程而有所改變。**社會學知識乃現代社會的構成部分**，他說：「社會學知識盤旋進出於社會生活的領域，重新構造著它自己以及該領域，使之成為該過程不可或缺的一部分。」（1990: 15-16）在這裡他挑戰了那些把社會學知識當作社會控制的一種工具的想法，然而也不同於馬克思思想中「創造歷史」的樂觀想法。

二、現代性的制度面向及全球化

上述三個新議題分別牽引出紀登斯社會學理論的幾個概念架構。第一點有關多面向制度取向和第二點關於現代社會就是民族國家的提法，形成了紀登斯的**現代制度的四大面向**（見圖一）。

下圖將現代社會**資本主義**與**工業主義**的特徵並列，前者係指現代社會的階級結構，後者指現代生產技術。同時又把民族國家在**監督控制**和**軍事權力**兩個面向並列。

現代性固然可以從歷史、思想、美學、藝術等方面加以探究，紀登斯則是另闢蹊徑，從社會制度的層面來探究，並探討社會學與現代性之間的關係，可說在現代性的課題上別開生面。

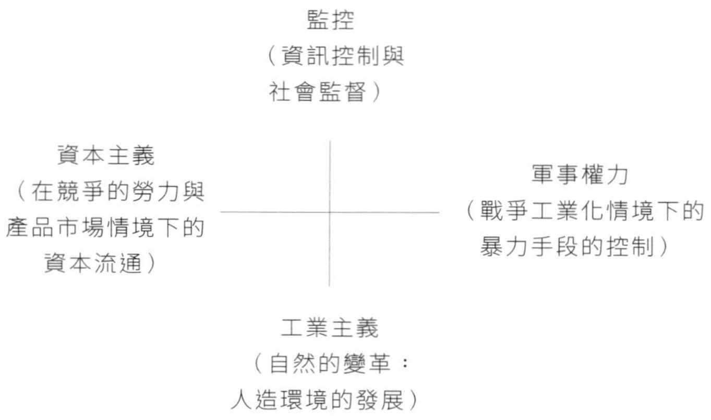

監控
（資訊控制與
社會監督）

資本主義
（在競爭的勞力與
產品市場情境下的
資本流通）

軍事權力
（戰爭工業化情境下的
暴力手段的控制）

工業主義
（自然的變革：
人造環境的發展）

圖一　現代性的制度面向（資料來源：Giddens, 1990: 59）

　　第二點關於以時空延伸的概念對社會體系加以重新定義，其先決條件是時空分離（time-space separation），亦即將時間和空間分開，於是有了單純時間和單純空間的觀念。時空延伸造成了人們社會生活的抽象化，抽象的過程乃是以現代社會某些抽象體系為機制而達成的，其中包括了和現代社會信任關係的建立有關的抽象體系──象徵標誌（symbolic tokens）與專家體系（這兩種抽象體系在下文第三節將有論述）。這是全球化過程的基礎，同時也由於其所具有的知識累積的特徵，而表現了現代社會的反思性或反身性（reflexivity）。圖一中的監控機制即履行此反思的功能，即監控自身的效能（performance），以便調整自身的行動。

依紀登斯之意，這種類似自動反饋（automatic feedback）的監控機制，乃是現代社會的一個界定特徵。

現代性的出現已經內含了全球化的性質，紀登斯認為這可以從現代制度的抽象性和反身性中得到佐證（1990: 63）。藉著時空延伸的架構取代社會學過去的「社會」概念，亦即有界線體系（bounded system）的觀念，紀登斯強調全世界社會關係的延伸，從在地性的交往到連結在場者與不在場者的遠距離互動，全球化被定義為「連結遠方之世界性社會關係的密集化，如此則地方性事件受到發生於遠距離的事件所影響，反之亦然。」（1990: 64）全球化即全世界變成一個互動單位的過程，地方性的事件和全球性的事件交互影響，甚至難以區別。六四天安門事件本來是北京地區發生的一個事件（中國可能也希望是如此），到後來卻成為全國及全世界的大事。換言之，地方性、全國性和全球性三者交織在一起，這是全球化的結果。

在分別批判了兩種採取全球化觀點的理論架構的化約傾向——「國際關係理論」過分以民族國家為主要的分析單元、「世界體系理論」則太過強調世界經濟分工的作用——之後，紀登斯再次回到他的多元制度架構，討論現代性制度無可避免的全球化過程（圖二）。國際關係理論和世界體系理論似乎由於問題意識和理論出發點的偏頗，而忽略了軍事／戰爭制度面向的重要性的確是越來越明顯了。第一次世界大戰以來，第二波世界性的民族國家獨立運動與頻繁的內戰或國際戰爭的軍事動員有密切的相關性；而全球政經均勢也深受武

器競賽與軍火買賣的影響。紀登斯在此也運用他的多面向分析，批判有關的觀點只著重單一面向，世界體系理論強調經濟面向，國際關係理論則著重民族國家體系，從而提出一個比較全面的觀點來加以綜合之。

圖二　全球化的四大面向（資料來源：Giddens, 1990: 71）

三、時空延伸和時空商品化

前已述及，在紀登斯的現代社會理論中，時空延伸是以時空分離為前提的，他的意思是：如果不是因為我們的時間意識脫離了先前參照特定社會、特定空間而確立，這種時空延伸的現象是不可能的。而時空分離首先是因為時間的標準化、抽象化，用紀登斯的話來說，則是所謂的「**時間空洞化**」

（the emptying of time），亦即單純時間的出現。時間邁向世界統一的過程，其轉折大約與現代性的擴張同時，而其中兩個重要面向——全世界統一的曆法以及時區的標準化——則大致在本世紀中完成了（1990: 18）。時間空洞化造成了**空間空洞化**的連鎖反應，空間的再現不必參照某個特定的地理現場，空間單位間具有可互換的替代性，標準化世界地圖的出現標誌了這個轉變。時空的分離以及各自的單純化，使得時空之間的結合更具有彈性，有著更多的可能性。例如臺鐵縱貫線時刻表的更改或華航臺北飛紐約時刻表的更改，都是時空的再組合。每一種時間表都是時空的一種組合方式。

其次，紀登斯引起我們注意「時空商品化」在現代社會發展中的重要性，他在回應哈伯馬斯時就說過：

> 從商品化空間中分化出來的商品化時間是涉及工廠中勞動紀律之活動協調不可或缺的部分；是分離自受例行而非傳統所統治的生活所延伸出的「自由時間」的工作不可或缺的部分；是分離自被當代「人為空間」泛濫的都市所轉變之自然的人類所不可或缺的一部分。（1981: 16）

時空的延伸與商品化的抽象概念只有透過對其運作機制的觀察才算是落實，前面已經提到紀登斯兩個抽象機制，我們可以引述他所舉的例子，以便進一步理解時空延伸與商品化。一直要到民族國家介入干預之後才發展完成的貨幣，是

現代社會的一個重要抽象機制，它是紀登斯所謂的象徵標誌的一種。現代社會所發展的專用貨幣（money proper）相對於前現代的商品貨幣（commodity money）在延緩實質交易、脫離特定交易情境以連結信用及責任的功能上遠遠超出了後者（1990: 24）。時空中的交易雖然因此而能高度延伸，然而，我們可以說這勢必要把延緩的時間長短、距離的空間遠近化為交易的價值，而列入損益的計算。

　　另外一組抽離機制是所謂的專家體系，紀登斯用來指技術成就或專業行家的體系，這些體系組織了我們今天生活於其中的絕大部分的物質與社會環境（1990: 27）。這種抽離機制的運作使得我們物質生活中藉著許多專業技術知識所構造的環境得以受到行動者的信賴，如同象徵標誌一樣，專家體系預設並造就時空的分離，從而使得時空延伸成為可能。在抽象體系中，前現代模式——**當面承諾**（facework commitment）的社會關係逐漸為**非當面承諾**（faceless commitment）的社會關係所取代（1990: 80）。以專家體系為例，當我們開著一部汽車上街，不論這部汽車是國內某地生產或是遠自國外汽車工廠的進口貨，我們既不知悉汽車生產的技術與知識，也沒有親身參與該部汽車的生產過程，可是專家體系的運作隱然給我們一種非當面的承諾，使得我們對這抽離時空的生產品質有了相當程度的信賴，即使我們意識到下文將會提到的風險環境的存在（機件故障、路況不良、車禍等等）。當然，這其中包含著不同系統的專家體系的運作（汽車製造、道路工程以及交通指揮調節等等）。

紀登斯並沒有特別處理象徵標誌與專家體系之間的關係，然而我們發現，其實這兩組抽離機制是相互依賴地運作的。比如說，貨幣的價值與信用有賴民族國家行政體系及金融系統的維持；另一方面，汽車製造的生產體系之間也藉由不同品牌的象徵標誌區辨著其間的品質與可信賴度，同時也區別了其間的價值差異。

四、抽象體系中的信賴與風險

　　上面兩組抽離機制所構成的抽象社會體系除了是制度劇變的結果，同時尚需以行動者的信賴（trust）為基礎而運作和發展。所謂信賴雖然在意義上與信任（confidence）十分相近，而同時都和信心（faith）緊密連繫。在紀登斯的討論脈絡，特別區辨了信賴與信任，這個區辨係建立在魯曼（Niklas Luhmann）的界說之上「信賴……應該特別擺在與風險的關係上來理解，而風險這個字眼的存在應當與現代時期同時出現。」（1990: 30）預設行動者意識到風險的存在，而信任與風險之間則無決定性的內在關係。然而紀登斯並不同意魯曼「避免行動便無風險」的看法，他認為風險是以一種環境或氛圍存在著的，其特質具有歷時的普遍性。

　　但是另一方面，我們卻也可以從對比前現代與現代的信

賴與風險關係，而區分其間的基本差異。如表一所示，信賴與風險關係在前現代與現代之間有明顯的不連續性。其中宗教在前現代社會中所具有的雙重影響（dual influence）值得特別注意，換句話說，宗教不但貢獻於前現代信賴環境的維繫，同時也是個人擔心失去神寵的風險領域，這呼應了古典社會學理論對宗教的重視。對應於前現代宗教所具有的決定性影響力，現代社會的反身性知識以及由此而來的技術發展與抽象體系的建構，成為其信賴與風險環境的基本因素。如前所述，抽象體系對於維繫現代人對生活環境的信賴十分重要，然而支撐抽象體系的技術知識及其發展，卻也可能因為許多人為失誤而釀成災難。反身性知識在影響現代信賴環境及風險環境的地位上，可與前現代社會中的宗教世界觀相比擬了。

此外，紀登斯認為在前現代社會中與宗教緊密連繫的傳統提供了一種組織生活中的信仰與實踐的模式——以過去組織未來，亦即透過以重複為邏輯的時間意識來組織日常生活的過去取向；現代社會以此邏輯作為取向於未來的生活組織方式。尚值得一提的是，前現代和現代雖然都受到人身暴力的威脅，然其間仍有不連續性存在：前現代以盜匪的暴力威脅為主要生存風險，到了現代這些盜匪式的暴力威脅雖仍未完全消失，然而戰爭工業化所帶來的威脅成為最主要的生存風險，特別是軍備競賽以及其中的核武發展。

表一　前現代與現代的信賴環境和風險環境

	前現代 一般情境： 地方性信賴的重要	現代 一般情境： 附著於抽象體系中的信賴關係
信賴環境	1. 以**親屬關係**作為穩固跨時空之社會連帶的組織機制。 2. 以**地方社群**作為提供熟悉氛圍的信賴地點。 3. 以**宗教宇宙觀**作為信仰及儀式行為之模式，提供對人類生活及對自然的天啟式的詮釋。 4. 以**傳統**作為連結現在與未來的手段；可逆轉之時間中的過去取向。	1. 以友誼或性親密等的**個人關係**為穩定社會連帶的手段。 2. **抽象體系**作為在無限時空中穩固關係的手段。 3. **未來取向的**、與事實對立的思想作為連接過去與現在的方式。
風險環境	1. 來自**自然**的威脅與危險，如傳染病、氣候不穩、洪水或其他天災。 2. 來自搶劫軍隊、土匪、地方軍閥或強盜的人為暴力威脅。 3. **宗教恩寵喪失**或受邪術影響的風險。	1. 威脅與危險來自現代性的**反身性**。 2. 來自戰爭工業化的**人為暴力**威脅。 3. 源自運用於自我的現代性反身性的**個人無意義感**的威脅。

（資料來源：Giddens, 1990: 102）

五、本體的安全感、自我認同與生活政治

從現代性的制度到現代社會的抽象體系性質，紀登斯對現代性的分析一步步地從宏觀層次邁向了微觀層次。在討論抽象體系時，其實已經牽涉對於個人生活在其中的感受的討論，也就是前面所謂現代之信賴與風險的特質。接著，紀登斯進一步跨入現代人在這種環境下的心理感受層次上的問題，這和前面的社會學性質、現代制度以及全球化等偏重宏觀面的討論取向是不相同的。然而其中卻隱含紀登斯的理論企圖，他並不以論述現代性的制度為滿足，同時也想要把個人或行動者層次的問題整合到他的理論架構中。我們認為他的社會體系觀提供了一個中介，在這個範疇裡引入了信賴與風險的概念，而這正與個別行動者層次的心理感受問題相呼應，從而延伸到社會心理學領域上。所以紀登斯繼《現代性的諸般後果》之後，又出版了《現代性與自我認同》討論現代人自我認同的問題。

根據紀登斯的說法，人們安全與否的感受根源於其幼時的經驗，他引述心理學家艾里克森（Eric Erikson）與溫尼克（D. W. Winnicott）的著作來說明。艾里克森強調「基本信賴」是由個人在嬰孩時期與其照顧者之間互動而產生的相互性（mutuality），這種相互性關係個人未來持續的自我認同，且與人際間時空組織的重要方式相連繫；而這和溫尼克所謂的「潛在空間」（potential space）的概念相通，潛在空間在此意味嬰孩對照顧者離他而去的時間長短與空間遠近的忍受

能力（1990: 94-96, 1991: 37-38）。人們是根據這種基本信賴的相互性或對潛在空間的忍受能力發展對生活世界的連續性與秩序感，紀登斯所指的「本體的安全感」（ontological security）不同於一般所謂的安全感，主要是因為前者牽涉上述社會心理層次的起源問題。

我們也許可以就前現代與現代之間，本體安全感對個人自我認同的形成做一番比較：如果說由於前現代相對穩定的社會關係，使個人生命史的連續性與秩序感在一生中不會發生太大的變化，個人的自我認同很少受到嚴重的挑戰；而在現代性的歷程中，由於不同抽象體系的介入、專門知識的私密化，在複雜的環境中，人們是透過不斷反省他們的生命史來維持連續性及秩序感的。也許，我們可以說，現代性的自我認同是透過個人的反省或反身性不斷重構本體安全感的過程。換句話說——人們是經由重新界定在社會心理層次上與他人的關係的性質來取得自我認同，而關鍵還是在於他對現代反身性知識的掌握、對抽象體系的理解。

自我發現及自我實現成為現代性中個人的重要課題，特別是在晚期的高度現代性中。自我實現需透過生活政治（life politics），而不是解放政治（emacipatory politics）。在現代性早期，基進主義、自由主義與保守主義構成了現代政治的三個主要取向。基進主義與自由主義基本上都主張將個人從既存的實踐與偏見中解放出來，只不過分別訴諸不同的手段——前者主張透過革命，後者寄望自由主義的國家扮演中介的角色。而保守主義可以說是解放政治的反動，排拒基

進派與自由派的解放思想，批判現代性的抽離傾向（1992：210）。因此早期現代可說是以解放政治當道，它的兩個要素是：（1）解脫過去的鐐銬，從而容許以一種變革的態度面對未來；（2）以超越施於個人或團體的非法宰制為目的。無論如何，解放政治都是一種「他人取向」（other orientation）的政治，關懷如何消除剝削、不平等與壓迫（1992：211）。所謂他人取向意即解放政治所強調的是團體或個人之間生活機會（life chance）的均等。個人社會生活的機會大小必然是參照他人情況的結果。紀登斯認為即便如當代著名學者羅斯（John Rawls）的「正義論」或哈伯馬斯的「溝通理論」都還試圖發展解放政治層次上的架構，而幾乎不討論在正義的秩序或理想言說情境之下，個人或團體是什麼樣子（1991：213）。

對紀登斯來說，作為晚期現代性特色之一的生活政治具有相當不一樣的性質。表二是改編自紀登斯在《現代性與自我認同》一書中對兩種政治取向的概念比較。生活政治是以解放為前提，強調生活方式選擇，而以個人的能動權力（generative power）為主要的權力形態；生活政治是一種關於生活方式的政治，涉及處於快速變遷的社會生活環境中個人反身性方案的實現歷程（1991：215）。換言之，和解放政治相比，生活政治毋寧是「自我」取向的，它面對的是自我如何在不同的生活方式的選擇中做抉擇的問題、是自我認同的不同方案之間相互爭論與競爭之解決的問題。

表二　「解放政治」與「生活政治」的比較

解放政治	生活政治
1. 將社會生活從傳統及習俗的僵固性中解放出來。 2. 剝削、不平等或壓迫的減少或消除。關切權力／資源的分配不均。 3. 遵從正義、平等和參與等倫理所揭示的理念。	1. 源於**選擇自由**與能動權力（作為變革能力的權力）的政治決策。 2. 在**全球互賴**的情境中，創造道德上可以成立的**生活方式**，以促進自我實現。 3. 在**後傳統秩序**中，且以生存問題為背景去發展關於「我該如何生活？」這一議題的**倫理學**。

（資料來源：Giddens, 1991: 215）

　　紀登斯關於**生活政治**的提法到此為止似乎有點「後現代的」色彩，他甚至把自我認同的反身性方案視為一種敘事（narrative）。顯然，他的論證不止於此。現代性抽象體系的持續擴張是生活政治無法忽視的背景，生活方式的選擇不單是個人層次上的認同問題，同時也是在現代制度的限制下，群體層次上的倫理問題（1991: 224-225）。

六、基進現代性對後現代性

　　關於現代與後現代之間的爭議原來是在**美學領域**裡發生，而尚未獲致定論，對紀登斯來說這似乎不是他主要的立論領域。他在批評哈伯馬斯對超現實主義式的現代主義的看法時，認為哈氏所提出的有關時間意識的論點可再加以拓深，亦即採用他的時空延伸的架構，他說：「……（超現實主義的）現代主義既不只是對傳統之失落的抗拒，也並非支持傳統的瓦解，卻在某種程度上是對時空『空洞化』的一種精確的表現。」（Giddens, 1981: 16）

　　此外，在哲學上，紀登斯同意後現代主義反對大敘事的論述有其理論上的意義，可是對於解決高度現代性所造成的問題並沒有太大的貢獻。於是，他採行社會學式的分析策略，對現代／後現代的爭議進行了一次社會學式的分析。他認為現代性尚未徹底發展到極致，所謂的「後現代」如果有意義的話應該是「源自對現代性的種種制度結叢的轉型或超越」（1990: 52）。表三是他對**後現代性**與所謂的**基進現代性**（radicalised modernity）之間特徵的比較，從中我們可以發現，紀登斯並不迴避後現代論者關於知識論、自我或個人層次上的論題。他只是更現實地指出所謂「後現代性」所指涉的種種現象或問題的**社會根源**，從而點明了癥結所在。其中最重要的應該是他對於個人或自我層次的反身性所投注的信心，例如個人可以從「經驗與行動的角度」，檢討日常生活遭受抽象體系所殖民化（colonizing）（借用哈伯馬斯的說法）的介入所造成的得與失，而不必全然對抽象體系做一種情緒性的反應。

表三　「後現代性」與「基進現代性」概念的比較

後現代性	基進現代性
1. 從知識論的角度來理解當前的轉變，或將其理解為所有知識論的解消。 2. 把焦點鎖定在當前社會變遷的離心傾向及其錯置的特性。 3. 把自我看作是因經驗的片斷化而被解消了。 4. 認為真理聲稱是有脈絡性的或視其為「歷史性的」。 5. 個人面對全球化趨勢的無力感。 6. 把日常生活的「空虛」視為是抽象體系介入的結果。 7. 認為對等政治參與被脈絡優序和發散性所排除。 8. 定義後現代性為知識論／個人／倫理學的終結。	1. 尋找產生斷片感和分散感的制度發展。 2. 把高度現代性當作一組環境，在這裡面分散與朝向全球整合的大趨勢辯證地相連繫。 3. 認為自我不只是交錯力量作用的所在；因為現代性才使得反身性之自我認同的主動過程成為可能。 4. 認為真理聲稱的普遍性以無可抗拒的方式強加於吾人身上，而賦予全球性問題以首要性。關於這些發展的系統知識並未被現代性的反身性所排除。 5. 根據經驗與行動去分析無力感與權力授予二者之間的辯證。 6. 把日常生活當作是對抽象體系主動反應的複合體，其中涉及得與失。 7. 認為無論在全球層次或地方的層次，協調性的政治參與是可能的也是必要的。 8. 定義後現代性為「超越」現代性之制度的可能轉變。

（資料來源：Giddens, 1990: 150）

但是，紀登斯同時指出現代性的發展結果並非可以坐而待之，因為在現代性發展的過程中可能會冒巨大的風險，諸如經濟機制破產、極權政權成長、核子衝突或大戰以及生態破壞或災難等，這分別對應現代性四大制度面向所可能帶來的惡性發展（見圖三）。這些風險性的後果可能是由於設計錯誤或操作失敗，於是乎基進現代性的烏托邦現實主義不但不會到來，一旦任何一個制度面的風險成為事實，牽動其他制度面向的問題，最後碩果僅存的可能只是紀登斯所說的「昆蟲與雜草的共和國」了。

圖三　高度現代性的後果所造成的風險
（資料來源：Giddens, 1990: 171）

結語

　　紀登斯從探討社會學的古典理論出發，到發展他自己的理論，再進而探究現代性，晚近關注及參與現實政治，隱然有其階段性。從理論家到政治評論家兼布萊爾政府的國師，變化不可謂不大，然各階段之間仍有相當密切的關聯。例如在探討現代性時，取資於早期之理論概念者所在多有。

　　如果單就現代性立場來說，紀登斯和哈伯馬斯可以算是同路人。不過如果從他們的論述策略與關懷層面來看，兩個人之間的差異也很明顯。就論述策略而言，我們可以說哈伯馬斯非常重視啟蒙思想的性質、啟蒙與現代性的關係，美學在現代性中的位置等諸問題；企圖藉著理性溝通達成文化現代性的整合（Habermas, 1981）。反之，我們可以說紀登斯採行了一種社會學的現實主義來處理現代性的問題，社會學理論的檢討和重構、現代性所發展的種種機制及其後果，以及現代個人在社會心理層面上如何自處的問題，是他關於現代性著述的重心。哈伯馬斯認為現代性是一個尚未完成的歷史方案，致力於澄清各種保守主義的雜音可能帶來的障礙。紀登斯則認為我們這個時代是現代性高度發展的時代，即使後進國家也不能免於高度現代性的籠罩，從而與先進國家同處於一個休戚與共的風險環境之下。如果有所謂任何的「後現代性」，應該是超越了現有的制度、體系的性質及限制的一次巨大社會轉型，而在此之前還是必須先經歷現代性「基進化」的階段。**所以他把當代西方社會的特徵界定為「高度**

現代性」、「基進現代性」或「反思現代性」，而非「後現代性」。他稱自己的立場為「烏托邦的現實主義」（utopian realism）。反觀哈伯馬斯，他珍視並且一再回歸啟蒙傳統的論述性格，相對而言則是比較「過去取向的」。這些也許是兩人在堅持現代性價值之餘的差異吧！

有人認為紀登斯檢討古典社會學、重新整理現代社會學分析架構的企圖是多餘的。騰那（Bryan S. Turner）似乎不認為紀登斯的提法有特別的創意，進而直接回歸韋伯的理論，把紀登斯有關民族國家及其暴力手段的發展、現代性的反身性、自我等問題的看法都歸功於韋伯，並且維護韋伯在多面向制度分析上的貢獻。他略顯尖酸刻薄地說：「總之，我們不應該把紀登斯對現代性後果的研究視為是對（社會學）傳統缺失的有益修正，而應當將其視為是對社會學傳統的一個有用的摘要。」（1992: 145）誠然，「太陽底下沒有新鮮的事物」，也很少有什麼事情是前人完全沒有說過或提過的。但是提過或者「微言大義」是一回事，而自覺地詳細闡述及論證則是另一回事，學術主要關乎後者。紀登斯在現代性上的系統論述有他的特色及貢獻，不容輕率抹煞。

此外，史旺生（Guy E. Swanson）對紀登斯的批評有兩點值得提出來在這裡討論，首先是關於如何與後現代理論針鋒相對的問題。一個李歐塔派的人可能會覺得紀登斯根本就偏離了主題，從而要求對他們所提出的歷史問題或知識論問題做實質上或詮釋上的對話；雙方各說各話、難以對焦，可以說是現代性與後現代性立場間爭議中的常事。有意義的是，

在論戰中推陳出新的理論架構之間互相激盪，劃出了新的意義軌跡。另一方面紀登斯也並非沒有處理過那些後現代的（知識論、歷史）問題（Giddens, 1982b, 1987），只不過他探究現代性的途徑主要是制度性的，或者說是從社會學的角度來探討現代性，如前所述。

再者，有人質疑紀登斯著作缺乏系統及可靠的觀察（1992: 149）。紀登斯的理論建構的興趣遠高於他的經驗研究興趣，因而他的結論往往不是以蒐集整理出的「系統且可靠的觀察或資料」（尤其是第一手的證據）為基礎。這點批評當然是可以成立，不過還是應該要看各人的目標、取向或興趣，不應一概而論。[5]

然而僅就理論來說，紀登斯似乎也有他力所未逮之處，例如貝克所提的關於家務勞動的問題就是紀登斯的現代性社會學架構難以涵蓋的，他說：

> 家務勞動至少因為下述三個理由而可說是「反現代的」：第一、它是以無償勞動為基礎的；第二、它是由於愛情、婚姻、性別而被置於婚姻市場上的；第三、無論從時間或內容的角度而言，其工作都沒有清楚的界定。（Beck, 1992a: 167）

---

5 雖然紀登斯早期以理論著作聞名，其實他另一個面向近年來越來越明顯，即政治評論及政治顧問，這類工作與現實較為接近，比較能夠「改變世界」，可能更接近他的生命核心。

不論紀登斯所說的現代性如何基進徹底，我們都很難想像一個在上述三個方面都徹底「現代化」的家務勞動關係。這裡不單有如何面對女性主義或較合理的性別關係的要求，同時也可能帶進親子或長幼關係的問題。難道現代性只是成年男人的遊戲嗎？

　　紀登斯在探討其現代性系列的社會學理論議題時，曾表明他的研究是以「先進」社會為討論的對象。然而他也曾問道：現代性只不過是西方的方案嗎？從民族國家和資本主義兩種制度以及知識反思性的角度來看，紀登斯的答案都是肯定的。然而若從全球化的角度來看，答案卻是否定的（1990：174-176）。伴隨著現代化而來的全球化，使得全世界逐漸形成一個體系，而且都牽涉到資本主義、工業生產、民族國家等西方現代化過程發展出來的制度。

　　紀登斯從現代性之自我認同的檢討，進而觸及他所謂**生活政治或倫理學**，代表了當代社會政治思想深具意義的一個轉折。在後傳統秩序的現代性中，自我及自我認同變成是反思性或反省性的（reflexive），亦即是以資訊為基礎的反省規劃、反省組織的，且不斷修正，所謂「流動的自我」。再者，由於現代性的開放性特徵，**生活風格的抉擇**（lifestyle choice）在自我認同的構成和日常活動中日益重要。他說的**生活政治**就是在**後傳統秩序**中及**全球化**的脈絡中，重新思考「我們應該如何生活？」或自我實現的倫理學議題。若從當代社會政治思想的視野來看，尤其是參照傅柯、哈伯馬斯、李歐塔、列維納斯（Emmanuel Lévinas）等深具特色的倫理學，

紀登斯此一倫理學的轉折似乎是遙相呼應而饒富意義的。若從這個角度來看，「現代派」（大體上肯定或擁護啟蒙運動及現代性的思想家）與「後現代派」（反對或批判啟蒙運動及現代性的思想家）似乎有些重要的匯合點。

李歐塔

· 知識既已而且仍將為了販賣而生產，知識既已而且仍將為了在一新
的生產中保持價格的穩定而被消費：在兩種情況中，目標都是交易。
知識不再是目的本身，知識失去了其「使用價值」。

—— 李歐塔

· 有朝一日民族國家將會為了資訊控制權而相互攻伐，正如過去為
了領土而戰，以及後來為了原料及廉價勞動力的控制與取得而戰
一樣。

—— 李歐塔

· 意見的政治學不同於真理的政治學，是沒有定局的，因為它不是
訴諸一個已被奉為真理的價值來下判斷的，卻是以意見的不斷極
大化（maximize）來取得隨時得以解除的暫時性契約。異端（或
後現代）判斷的政治乃是放棄任何既定的標準，從而是根據個案
來判斷，依謀略來判斷。

—— 李歐塔

· 美學或品味的社群性應該是處於永遠未完成的狀態。

—— 李歐塔

李歐塔

李歐塔

在當前現代性／後現代性的爭議中，有些學者對於所謂的後現代性採取保留的態度，認為後現代的提法有維護現狀的反動嫌疑；有些則認為後現代議題的提出有其一定的抗爭的義涵，而以肯定的口吻加以界定。李歐塔正是旗幟鮮明地對後現代性採取正面態度的學者之一（Smart, 1990: 24-25）。1980年代末他出版的《後現代狀況》（*The Postmodern Condition*）一書一開頭就揭示如下的研究假設：當許多社會進入眾所周知的後工業時代，而種種文化走入所謂後現代時，知識的地位也改變了（Lyotard, 1984: 3）。由此可見，李歐塔所假設的知識地位的改變，是以社會文化變遷的既成事實為前提的。這個變遷一方面是後工業的，一方面是後現代的。

就後現代這方面而言，李歐塔在正文中並沒有專門就此一議題加以探索，後現代似乎是消融在他所提出的技術變遷的意象中，而不加以細辨；[1]於是乎李歐塔呈現給我們的知識的後現代圖像，是放在所謂「後工業」的社會脈絡下的新興現象。而在這情境中，最突出的轉變涉及所謂的資訊工業或「智識技術」的興起，逐漸取代了以機器技術為基礎和以勞資階級關係為主軸的社會結構特徵（貝爾，1989：12）。這也是李歐塔討論知識地位改變的主要背景，在開宗明義的第一章中便加以勾勒。然而現象是複雜的，變遷還在未定狀態，「與其勾畫一個勢必不完全的圖像」，李歐塔寧可「單從一個特徵為出發點」展開他的論證，他說「科學知識是一種論述。而順理來說四十年來種種『先進』科學和技術都和語言有關。」（ibid.: 3）換句話說作者有意採取「技術──語言

——知識」這樣的取向來開展論證。一種從技術變遷，或因技術變遷所導致的社會結構改變，來看知識或哲學地位改變的研究取向。語言在這裡則是李歐塔論證中銜接這兩種變化的重要中介因素。

一、知識的合法化、語言遊戲與悖論

對於許多維護現代性的學者來說，一個未完成的西方啟蒙方案[2] 在當代依然深具意義，目前重要的工作是如何釐清混淆的概念，從而能夠排除實踐的障礙，貢獻於此未竟之大業。捍衛啟蒙理想不遺餘力的哈伯馬斯就曾在一篇題為〈現代性對後現代性〉（Modernity versus Postmodernity）的文章中回歸啟蒙的界定，以駁斥保守主義陣營對啟蒙的揚棄及誤解。他在文中一度自美學論題抽身，而從另一個層次來討論現代性的問題：

---

1 李歐塔在該書英文本（Lyotard, 1984）附錄以及別處（Lyotard, 1986; van Reijen, 1988）曾對所謂的後現代（主義）加以補充說明，特別是在美學方面與現代主義的關係性質。我們將在下文說明。

2 由於西方十八世紀的啟蒙運動在思想上界定了現代性的方向、目標及內涵，故啟蒙方案也稱為現代性方案。

現代性的意念緊緊地連繫於歐洲藝術的發展；但是
惟有捨棄這通常集中於藝術的想法，我所謂的「現
代性方案」才得以進入我們討論的焦點。讓我們經
由回想來自韋伯的一個觀念來開展一個不同的分
析。他把文化現代性的特徵勾畫為三個自主領域，
這些領域乃是表現於宗教與形上學中的實質理性所
區分出來的，它們分別是：科學、道德與藝術。
（Habermas, 1981: 8）

　　這三個領域分別發展其內在的理性結構，而各自產生比
一般人更熟悉相關邏輯的專家以司其事。結果文化專家與大眾
之間的距離就越來越遠了。啟蒙思想家所提出的現代性方案一
方面希望依循這些個別邏輯去發展**客觀的科學、普遍的道德及
法律與自主的藝術**；同時在另一方面還企圖把各領域中的認知
潛能從其奧祕的形式中解放出來（ibid.: 8-9）。哈伯馬斯在此
對啟蒙傳統的詮釋所強調的「認知潛能的解放」，正是李歐塔
在《後現代狀況》一書中最主要的攻擊對象之一。在該書的導
言中，李歐塔說他「將以『現代』一詞來指稱任何假託於一個
後設論述（metadiscourse）以自我合法化的科學。這種後設
論述明白訴諸某種大的敘事（grand narrative），諸如精神的
辯證、意義的詮釋、理性主體或勞動主體的解放，或財富的創
造。」（Lyotard, 1984: xxiii）李歐塔反對的理由似乎在於，
這些他認為大而無當的後設敘述並未察覺到權力及技術的快速
變遷對於知識本身的滲透，甚至已經駕馭了這些知識敘述體
系，以增進權力及技術的運作效能。

首先，技術變遷對知識的兩個主要功能——研究與傳播——產生了可觀的影響。就研究層面而言，包括遺傳學、電子學、社會學等領域的學科在方法上越來越受到控制論（cybernetics）的影響，甚至以之為典範來進行研究。傳播層面所受到的影響，最顯著的便是各種不同的知識傳播媒介的設計朝輕薄短小發展，同時更在市場上大量傾銷，對交通系統與媒體訊息傳遞造成影響，而且將持續發生影響。「知識既已而且仍將為了販賣而生產，知識既已而且仍將為了在一新的生產中保持價格的穩定而被消費：在兩種情況中，目標都是交易。知識不再是目的本身，知識失去了其『使用價值』」（1984: 4-5）。

　　其次，知識作為一股新興的生產力所發揮的作用尚不止於技術與經濟的層面。以資訊商品的形式，知識同時也成為權力競逐的籌碼。李歐塔甚至預言「有朝一日民族國家將會為了資訊控制權而相互攻伐，正如過去為了領土而戰，以及後來為了原料與廉價勞動力的控制與取用而戰一樣。」（1984: 5）中美兩國談判智慧財產權可說是一個例子，美國不惜動用經濟制裁的手段強迫我國就範。

　　在技術變遷與權力競逐雙重影響下，知識面臨雙重合法化的問題，而現代社會理論在這裡是派不上用場的（1984: 8）。現代社會理論的兩個主要模型，其一是從孔德到功能論，他們的論述是建立在把社會視為一個功能性整體的模型上；另一個可以強調階級鬥爭與辯證邏輯的馬克思主義傳統為代表，是以一種二元鬥爭模型來理解社會。李歐塔認為這兩個

模型雖然都試圖解決**現代**社會的問題，可是在他所謂的**後現代**情境中，則可能不再切合實際。換句話說，技術變遷所導致的新社會情境已經使得上述的兩種社會理論不攻自破。

李歐塔的目的便是要在這兩種論述之外，尋找知識的合法化基礎（1984: 11-14）。從他所提出的語言遊戲（language game）的兩個原則，或許可以一窺他心目中的社會圖像，進而理解他所提出的知識合法化新方案的內涵：「我們整個方法的首要原則：以遊戲的意義而言，言說就是競賽，言說行為乃歸屬於一般競技學的範圍內。」（ibid.: 10）第二個原則是：「可觀察得到的社會連帶（social bond）是由語言行動所構成的。」（ibid.: 10, 11）

根據這兩個原則，李歐塔不但摒棄了社會作為單一體系的認識論，同時也反對了馬克思主義傳統的二元鬥爭社會史觀。在這兩大傳統之外，李歐塔似乎把我們帶回到古典社會哲學中企圖解決的「所有人對所有人的戰爭」的無政府圖像之中。不過他對這種狀況所抱持的態度，並非尋求普遍而統一的解決方案，反而是企圖正當化這種多元衝突的現象。也就是說，後現代知識合法化的途逕是透過上述原則，同時強調「言說行動創造意義」的語用學（pragmatics）而獲得的。於是，不論是德國學者魯曼傾向於為體系運作效能而服務的共識觀，或者是哈伯馬斯的強調對話的溝通共識，都不再是知識藉以合法化的最高目的。共識理論所隱含的恐怖主義式的強制，只有經由承認**語言遊戲的多元歧異的本質**才得以消除。而即便是有所謂的共識，其遊戲規則也必須是區域性的

（而非普同的），同時遊戲參與者有隨時取消或退出的權利。強調規則的歧異以及**歧識**（disensus）重於**共識**成為合法化知識的新途徑，這就是李歐塔所謂的悖論（paralogy）的主要內涵了（1984: 60-66）。

二、正義和異端的判斷政治學

　　共識既然已經是過時而可疑的價值，李歐塔在《後現代狀況》一書正文的末尾於是提出無關乎共識的「正義」這個替代價值（1984: 66-67）。相對於共識而提出的正義，其爭議性實不下於《後現代狀況》一書所標定的哲學或知識地位的主題，同時也已在該書中埋下伏筆。前面曾經提過知識的雙重合法性危機之一，就是來自於有權者把知識當作競逐籌碼的威脅。環繞著正義這個概念，李歐塔更細緻地發展了他對知識與政治間關係的看法，而這主要呈現在《正義遊戲》（1985）[3] 一書中。李歐塔在這個論題上的基本看法是「**並沒有關於倫理事務的知識，從而也沒有關於政治事務的知識**」。

---

3 《正義遊戲》（*Just Gaming*）是李歐塔與法國文學期刊《精神》（*L'esprit*）編輯泰保（Thebaud, Jean-Loup）的對談錄，1979 年法文版以《朝向正義》為名出版，1985 年譯成英文。

換句話說，「**並無屬於實踐的知識**」。由於有一些**偶然性**，社會、政治、倫理等事務只能就**個案**來加以判斷，無法有一個總持的論述（1985: 73）。李歐塔認為這是希臘智者、亞里斯多德、康德（第二、三批判）等的共同立場。這裡同時尚牽涉其他相關的重要概念，我們現在就要來看看針對**正義**的議題，李歐塔到底是如何看待理論知識與政治實踐間的關係。

　　政治思想百科全書上告訴我們，至今「正義」最好的定義仍然是查士丁尼的定義：「正義是使每個人各得其所的恆常意志」（Justice is the constant and perpetual will to render to everyone his due.）（Miller, 1987: 260-261）。一方面是關於德性的；另一方面則涉及社會分配。如果說李歐塔是重新釐清正義的概念義涵，不如說他試圖把正義概念的認知層面與實踐層面的問題加以區劃。在柏拉圖式的問題意識之下，既定社會中的流通分配之所以為正義（公正），乃是因為這種判斷終究訴諸於、依從於一個已在柏拉圖那裡被定義好的「正義」本身——正義的本質、理念云云。而諸如此類的本質與理念，其實又是透過神學家、哲學家或政治人物的論述而陳述出來，所以分配的公正與否是根據一種已經界定好什麼是公平分配的論述的。**簡單來說，這個包括柏拉圖與馬克思在內的政治傳統預設了：如果論述的敘述為真**（true），**那麼依照此敘述的社會實踐也就是對**（just）**的了**。這就是李歐塔所謂的**論述規制的雙重操作**（dual operations of discursive orderings），我們可以借用李歐塔所採用的概略的邏輯分析來理解什麼是「論述規制的雙重操作」（Lyotard, 1985: 19-21）：

在總邏輯式「若（若 P，則 Q），則 R」之中，「若 P，則 Q」意指：若某一既定分配方式獲致，則正義獲致。在一種描述論域裡，這樣說是完全合法的。其次，「若（理論蘊涵獲致），則 R」，即則實際上正義社會應可獲致。

若（若 P，則 Q），則 R

　　　　　　　……知識、認識的真偽…… 甲論述

　└…………┘　（描述論述）

　　　　　　　──政治、倫理的應否── 乙論述

　　　　　　　（指令論述）

P：獲致某種分配
Q：獲致正義
R：人們應使正義的社會實現

在此，這種論述規制的模式似乎被當作一種西方的主流論述模式來對待，李歐塔則有意加以破解。這種論述模式的主要特徵就是結合描述性（descriptive）論述與指令性（prescriptive）論述，以成就一組有關正義的意理與實踐。對李歐塔而言，其合法性是有問題的。當我們說：因為獲致某種分配，所以獲致正義。這是描述性的，是針對指涉物（the referent）而發的論述。[4] 當甲論述本身的內在邏輯關係被存而不論，同時變成了另一論述──乙論述──的前提，而乙

論述隱含著要人做這做那的指令性，則是針對聽話者而發的論述，此時所謂的「論述規制的雙重操作」就運作起來了。要理解李歐塔為了替代**共識價值**而提出的**正義**，就必須從瞭解他破解這種雙重操作的論證中開始。按亞里斯多德的說法，李歐塔指出甲論述與乙論述是屬於不同層級的陳述，然其指令實踐的對錯，或行為的公正與否，卻又是以前者那種描述的真偽為依歸的（ibid.: 21, 23, 24）。比如理性、自由、自主或是前面提到的共識等，一方面是屬於知識或理論上的陳述，同時一方面又預設了一個參考模型，指令著人們的實踐。在李歐塔的觀念裡，描述論述與指述論述之間有鴻溝存在，沒有邏輯關係。

正義或公正與否對李歐塔來說只能是指令性的，預先描述一個參照的公平正義社會的模型是他所反對的。那麼，李歐塔版本的正義到底是什麼呢？

正義與否涉及倫理或政治判斷。在李歐塔的版本裡正義不再依從雙重運作之一的知識或理論描述，換句話說，不再依真理來判斷，而是依**意見**來判斷了（Lyotard, 1985: 28）。這導引我們到李歐塔所謂**異端論**（paganism）的立場，是他的正義觀的核心，而且似乎就是他所理解、所表述的後現代狀況了。[5] 相對於正統或主流而言，異端（論）蘊涵了**差異**和**邊緣**。

意見的政治學不同於真理的政治學，是沒有終局的，因為它不是訴諸一個已被奉為真理的價值來下判斷的，而是以意見的不斷極大化（maximize）來取得隨時得以解除的暫時

性契約。異端（或後現代）判斷的政治乃是放棄任何既定的標準，從而是根據個案來判斷，依謀略來判斷（1985：80-81）。

三、美學與實驗精神的回歸

　　李歐塔與哈伯馬斯的社會哲學有幾個重要的共同點，就是他們兩個都沒有放棄康德的批判立場，以及康德進入其批判的三分架構——理智方面的問題對應於康德的純粹理性批判、政治實踐方面的問題對應實踐理性批判、美學問題則對應於判斷力批判。更重要的一個相同點則在於他們兩位都有把美學當作連接政治實踐與理智認識間的某種基礎，從而十分重視美學在他們社會哲學中的位置（Best & Kellner, 1990）。所以即使李歐塔充滿敵意地說：「哈伯馬斯希望自

4　必須說明的是，對李歐塔而言，語言遊戲作為語用學上的言說行動涉及三個構成要素，那就是說話者（sender/addresser/utterer）、聽話者（recipant/addressee）以及指涉物。而倫理或政治層面的關係只發生在前二者之間。可以比較《後現代狀況》一書第三節中的舉例（1985: 9-11）。

5　見《正義遊戲》一書第十六頁註腳，李歐塔似乎把「後現代」與「異端」（pagan）兩詞等量齊觀。

藝術及其所提供的經驗中去汲取足以彌補認知的、倫理的以及政治的論述之間的鴻溝，從而開啟經驗整合之途。」執意要揪出「哈伯馬斯心裡所想的到底是哪一種整體。」（Lyotard, 1984: 72）這裡的爭執其實只是圍繞著**整體性**問題而形成的維護與反對立場間的傾軋，而不是美學作為解決本身。而我們不能忽略的是，**後現代之成為一個鮮明的旗號，是從反對美學的現代主義開始的**。經過數十年的意義轉折、擴大與分岐，有些作者開始擔心這種意義的不穩定可能對此字眼本身造成問題。[6] 關於後現代的定義，李歐塔在一次訪談中說道：

> 我曾經而且將要說，「後現代」所指的並不是現代主義的結束，而是與現代主義的另一種關係。（van Reijen, 1988: 309）

那麼這是一種什麼樣的關係呢？我們可以說這種關係就在李歐塔重寫現代性的著述中產生了。我們在這裡可以根據他所提出的一些重要線索來加以理解。首先，是關於美學的性質，藉著援引康德，李歐塔強調美學感覺不同於個人感覺。他舉例說，當我們說「這幅畫很『美』」和我們說「這牛排很『美』」是兩回事；當我們說「我『喜歡』塞尚」與「我『喜歡』米飯」也是不同的。這差異在於前一類型的美感或品味隱含著一種社群性的要求或某種意義上的承諾，而這一個社群則是尚未到來、尚未實現的社群（Lyotard, 1986: 11）。李歐塔雖然肯定美學具有社群性，可是從來沒有人看過所謂的社會，沒有人看過所謂的世界。**美學或品味的社群性應該是**

處於永遠未完成的狀態。這可說是李歐塔關於美學性質的基本想法——後現代美學將「在現代中把不可呈現的東西凸顯於呈現本身之中；拒絕美好形式所提供的慰藉，拒絕那種讓集體分享不可企及的懷舊成為可能的品味共識；是尋找新的呈現方式，不是為了享受它的樂趣，而是為了傳達一種更為強烈的不可呈現的感覺。」（Lyotard, 1984: 81）

　　而對李歐塔來說，一個後現代藝術家或作家是站在哲學家的位置上的：他所寫下的文本、所生產的作品，原則上不受預先設定的規則或所謂決定性判斷（determining judgement）所限制、判定。因為他們正是要在創作中尋找諸如此類的規則、試煉其判斷力。「因此作品和文本有了一種事件的性質。」李歐塔強調事件性質是後現代作品的特徵，可是同時「一件作品之成為現代的，除非它首先是後現代的。此種意義的後現代主義不是現代主義的終結，而是現代主義的初始狀態，而這狀態是恆常不變的。」（Lyotard, 1984: 79）某種意義上，李歐塔的後現代並非用來取代現代，而是用以重新發現「真正的」現代。

　　初始的、真正的現代性存在於啟蒙運動的過程之中，而不是啟蒙運動之後沉澱下來的思想或整體性的方案。現代主義所面臨的創作情境，在運動的時期中創發了一種既不同於古典主義，亦與浪漫主義相左的實驗精神。就創作對象而論：

---

6 請參考 Hebdige（1988: 181-207）。

古典主義的創作者屬於某一特定階層或者為某一特定階層服務，他們的作品已經預設了特定對象；而浪漫主義相對於古典主義而言，雖然是現代的，然創作者建立在民粹主義上的種種品味判斷，是以大眾為潛在創作對象的基本模型；現代主義完全不同於前面兩者的是，創作者並沒有懷著創作對象的假設進入創作。換句話說，對創作者而言，創作的過程中沒有所謂「歷史主體」之類的想法（Lyotard, 1985: 9-13）。因而，在企圖呈現那不可呈現的社群性的不斷實驗事件中，李歐塔的後現代觀點或異端觀點再次發現了現代、現代性及現代主義。

結語

　　曾經以整合性的架構試圖進行社會政治理論之重建的美國哲學家伯恩斯坦（Richard Bernstein）在他的一本論文集中前後一共提到李歐塔九次，然而在這九次當中，不論是引文或詮釋，其實並未相差太多（Bernstein, 1991）。誠如李歐塔抱怨多數他的批評者除了《後現代狀況》一書外，很少閱讀他的其他著作（van Reijen, 1988: 278）。伯恩斯坦對李歐塔的引述毋寧是一種象徵性的，其價值當然不在於對李歐塔著述的實質討論，而在於他指出李歐塔的《後現代狀況》一書居然攪動廣大注意的原因。他認為，李歐塔的著作之所

以引起注意，是因為當他把倫理——政治問題搬上檯面時，著實觸動了當代知識界的心弦（1991: 12）。

李歐塔從早期年輕時代的馬克思主義立場到後來成為極端反馬克思主義的傳奇性過程，一方面必須放在法國的本地脈絡來看；另一方面則要放在全球政經變遷中來看待。法國存在的強勢的、競爭性的共產黨，未能完全滿足知識分子的改革理想，這大概是知識分子在挫折之餘重新尋找出路的主因。被援引為後現代思潮之理論來源的思想家，有許多是屬於 1960 年代之後與左翼保持一定距離的新一代法國知識分子，也就不會令人感到意外了。其次，對應著資本主義世界的進一步高度發展，另一面卻是社會主義世界的逐步瓦解及冷戰的結束，知識分子即使不在乎伯恩斯坦所謂的倫理——政治的問題，也算面臨新的社會情境。包括李歐塔在內的幾個重要的法國知識分子，像是為了迎接二十世紀末的來臨，而急急忙忙丟開上個世紀末的馬克思主義的殘餘。

試圖在啟蒙傳統下重建唯物論的德國社會哲學家哈伯馬斯，雖然不曾直接針對李歐塔的著述加以評論，卻被李歐塔當作一個重要的論敵。[7] 曾經站在哈伯馬斯的立場上反駁李歐塔的是哈伯馬斯的一些支持者，例如班哈比（S. Benhabib）和杭內斯（A. Honneth）。前者指出了李歐塔在缺乏或放棄批評的立足點上的矛盾；後者則認為李歐塔對溝通理論的批

---

7 關於哈伯馬斯的理論請參閱拙著《批判社會學》（三民，1996）。

評，實際上是從對哈伯馬斯的誤解出發的（Best & Kellner, 1991: 248）。

根據班哈比的批評，一個比較一般性的問題是：到底所謂現代性與後現代性理論爭議中，一個整體的規範性立足點之正當與否、有效與否的問題。對哈伯馬斯而言，關於問題的前半部，他已經胸有成竹，他覺得採取整體的規範立場是正當的。而李歐塔則從檢討科學論述有效與否的問題掀起爭議；從而質疑了整體的規範性立場的正當性，用李歐塔自己的話來說，也就是質疑了後設敘事存在的正當性。

美國哲學家洛蒂（Richard Rorty）追溯這個爭議之問題所在的時候告訴我們，後設敘述之所以成為當代哲學的一個問題焦點，「只是因為過度熱心的科學哲學創造了一種不可能的、反歷史的合法性理想。」不是對黑格爾（G. W. F. Hegel）的「主體哲學」晚期轉向社會性的缺乏理解，而是把康德的科學、道德與藝術的文化三分奉為圭臬，「哲學家們……註定要陷入一連串的化約主義與反化約主義的運動中。化約主義者想要把一切事情化約為科學或政治（如列寧）或美學（如波特萊爾、尼采）。而反化約主義則證明這種化約主義毫無意義。」（Rorty, 1985: 165, 167-168）

附表：李歐塔與哈伯馬斯／批判理論的學說大要比較

	李歐塔	哈伯馬斯／批判理論
相同	· 理論轉向語言學，發展非結構的、強調語用學與語言遊戲的語言哲學 · 兩者都接受了康德的理性三分法與批判立場，重視美學領域	
相似	· 懷疑後設敘事 · 批判功能理性	· 意識形態批判
相異 或 相反	· 反對整體性，強調差異 · 反對共識並以異端正義替代之	· 強調整體性 · 強調溝通理性以及共識

　　這種提法把整體與否、有無後設敘事的問題往前推到笛卡兒、康德在不可能的、反歷史的合法性理想與從此而出的文化三分架構上所犯的錯誤，而這正是李歐塔與哈伯馬斯所共同的（見附表）。這也許是針對規範基礎的合法性問題比較具有啟發性的提法，因為當班哈比批評李歐塔有多元主義或相對主義的傾向時，顯然是站定了某種規範性立場而發言；而對李歐塔來說，他之所以不願採取某種規範性立場，正是衝著哈伯馬斯式的規範立場而來，結果在這個討論層次上，無可對焦是很自然的了。洛蒂基本上把現代與後現代的爭議當作是「知識分子的特殊需求」（ibid.: 174-175）。這

不但呼應了前述伯恩斯坦的說法，也與其他許多社會學者對現代與後現代爭議的看法相似（Turner, 1987, 1992; Bauman, 1988）。

布希亞

· 在消費社會中，新的消費品及服務爆炸性的激增形成了新的物體系。在此物體系中，物被詮釋成符號（sign）或符碼（code），而符號或符碼則構成了意義體系。

· 就像狼童因生活在狼群之間而變成狼，我們也因而變成功能性的了。我們生活在物的時期：亦即，我們靠著物的韻律、依照物的不斷循環而生活。今天，是我們在觀看物的誕生、完成及死亡；反之，在以前的文明，是物、器具及古蹟在數代人們之間流傳下來。

——布希亞

· 在消費社會中，文化貫穿了社會領域，在社會生活中的每一件事，可說都已成為文化了。文化中心變成了購物中心不可或缺的部分，文化被商品化，而商品也被文化化了。

· 「庖丁解牛」的刀只是作用於差異點的純粹差異（It is pure difference operating on difference）

——布希亞

· 今天你不快樂？……怎麼辦？去血拼（shopping）！

—— Arthur Miller

布希亞

布希亞的「擬像」

前言

　　1960 年代的學生運動對於許多法國知識分子影響深遠。而且 1960 年代之後，新的建築、商品、廣告、大眾傳播媒體等，改變了法國的日常生活形態。這也引起一些理論家對於新的社會秩序進行詮釋分析，欲建立新的社會理論來說明法國社會情況及日常生活中發生的轉變，而布希亞學說就是此一新思想運動的一個發展。

　　布希亞一般論者咸認為是所謂後結構主義及後現代主義思潮的代表人物之一。他的思想發展同當時許多思想家一樣，是從馬克思主義（尤其是「異化」或「物化」的觀念）出發的，而逐漸轉移理論重點，從生產到消費。其間受他的老師馬派社會學家列斐伏爾（Henri Lefebvre）的影響頗大。列斐伏爾透過對當代資本主義社會的消費、建築、都市化及語言文化等日常生活的多面向研究，擴展了馬克思理論。布希亞也致力於把異化或物化的觀念運用到日常生活，尤其是消費的領域。這從他的早期著作《物體系》（The Systems of Objects, 1968）和《消費社會》（Consumer Society, 1970）看得出來。

　　除了列斐伏爾學說之外，布希亞受法國思想家羅蘭巴特（Roland Barthes）及符號學（semiology）的影響甚鉅。《物體系》隱約可看到羅蘭巴特的流行體系的影子。而在其後的幾本著作如《生產之鏡象》、《符號的政治經濟學批判》中，布希亞都是運用符號學來批判馬克思主義。符號學可說是他一貫的方法。

繼他對消費社會的分析以及對政治經濟學的反省之後，他開始論述擬像世界，而此擬像世界的論述是由符碼、符號、擬像、媒體、大眾等概念所構成的。在《象徵性交換與死亡》（*Symbolic Exchange and Death*, 1976）及《擬仿物與擬像》（*Simulacres and Simulation*, 1981）二書中，布希亞闡述象徵秩序及擬像的觀念。他的學說中最具有後現代特色的，或許是擬像的概念。此概念把再現危機（crisis of representation）揭露得最為徹底。

　　本文首先看布希亞論消費社會，其次看他論擬像，最後檢視他對莊子「庖丁解牛」故事的解釋，以顯示他的解構觀。

一、消費社會與現代性

　　詹明信等人認為，第二次世界大戰之後，先進國家已進入富裕的消費社會，文化在這個時代已經不只是上層結構而已（如馬克思所說的），它已成為消費社會的核心要素了。布希亞不論在其早期著作或晚期著作中，均十分重視日常生活中的文化領域。**他認為在此消費社會中，新的消費品及服務爆炸性的激增形成了新的物體系。在此物體系中，物被詮釋成符號或符碼，而符號或符碼則構成了意義體系。**在布希亞早期的著作中，常以「現代性」與「現代」來描述此

一新的社會情境，但是到了後期的作品，他宣稱此種消費社會已經結束，而邁入一個「後現代」世界（Kellner, 1989a: 213）。

布希亞在《消費社會》中將這個新的社會情境描述為一個被眾多物品、服務及財貨所包圍的富裕及消費的環境，「是人類所生產的動植物反過來包圍人的一個世界，像一部爛科幻小說的情節一樣」（Baudrillard, 1988: 30）。他寫道：

> 就像狼童因生活在狼群之間而變成狼，我們也因而變成功能性的了。我們生活在物的時期：亦即，我們靠著物的韻律、依照物的不斷循環而生活。今天，是我們在觀看物的誕生、完成及死亡；反之，在以前的文明，是物、器具及古蹟在數代人們之間流傳下來。（ibid.: 29）

在消費社會中，文化貫穿了社會領域，在社會生活中的每一件事，可說都已成為文化了。文化中心變成了購物中心不可或缺的部分，**文化被商品化，而商品也被文化化了**。[1] 布希亞以購物中心為例，他提到「一個百貨店可以變成一整座城市：例如 Parly 2，[2] 擁有龐大的購物中心，在那裡『藝術及休閒與日常生活水乳交融』，每個住宅群環繞著一個游泳池俱樂部（吸引力中心）、一個教堂、網球場（最起碼的設施）、優雅的精品店以及一座圖書館」（ibid.: 32-33）。在此，消費或採購已成為生活的一個中心了。

布希亞在此所描述的現代景象其實在美國已經非常普遍了。在美國所謂的 Mall 或 Shopping Mall 是建立在城市郊區的大型購物中心。之所以要建立在郊區，是因為需要很大的面積（包含大停車場及龐大主體建物）；而之為「大型」購物中心，舉凡日常用品、書店、娛樂、餐飲在裡頭一應俱全。這種大型購物中心早已成為美國人生活的一部分了。

工作、休閒、大自然與文化，一切原先分散、割離及難以減少的活動（它們在我們的真實生活與「混亂古老的」城市中產生了焦慮與複雜性），終於被調和、按摩、控制著氣氛，而且被馴化成不斷採購的簡單活動，這些活動最後消除了性別差異，成為一種雌雄同體的環境風格！所有事物終於被消化、化約成同類的排泄物。……一切都過去了；一種被控制、潤滑與消耗的排泄物從此轉化成各種東西，在難以分辨的事物與社會關係中四處擴散。就像羅馬神殿，所有的神祗都在一種調和主義、巨大的「消化」狀態下並存，我們的新神殿，我們的大雜燴——超級購物中心，也把消費的諸神或群魔都聚集在一起。也就是說，所有的活動、勞動、衝突

---

1 臺灣的誠品書店就是一個好的例子。誠品原來主要是以書店起家的，經營有成之後，再擴展到其他業務，如餐飲、服飾、傢俱等。所以現在誠品的分店（如敦南店）其實是以書店為中心的購物中心。在經營書店時，可說是「文化商品化」的階段，後來利用「誠品」這個品牌來推銷其他商品時，可說是「商品文化化」的階段。前一階段有助於品牌（風格）的建立；後一階段則有助於營利或利潤的創造，以維持文化產業的經營。

2 位於巴黎郊區，是一個人工規劃的社區，擁有龐大的購物中心。

及季節，都在一樣的抽象中被廢除了（ibid.: 34-35）。

　　布希亞對當代的生活及消費有極深邃的透視。的確，現代的百貨公司及購物中心已成為現代人的神殿了，多麼富麗堂皇、多麼舒適、多麼吸引人，大型超級市場已成為現代生活的博物館了，現代生活用品應有盡有。採購或血拼（shopping）已成為現代人的朝聖之行，也是獲得存在意義的重要手段了。我採購，所以我存在。

　　但是布希亞在《消費社會》中認為過去許多與消費有關的論述均無法正確地分析消費社會，無論這些論述是立基於「一個人『天賦』一些需要，這些需要『引導』他尋求那些可以『給予』他滿足的物品」的「理性選擇的假設」（ibid.: 35）；或是立基於認為「需要不是受物品的引導，而是受價值引導。需要的滿足基本上表現出一種對於這些價值的堅定支持。消費者基本的、無意識的及自動的選擇，是接受一個特定社會的生活方式」之上的「順從性選擇模式」（ibid.: 37）。非但消費者的自由以及最高主權只不過是個神話，而且也沒有所謂「真需求」或「假需求」之分。布希亞利用結構主義的方式分析消費體系，他認為消費體系是「奠基於一種符號（物／符號）與差異的符碼上，而非奠基於需求與快感上」（ibid.: 47）。而且消費社會仍然受工業時期生產法則所支配，他提到：

　　　消費的意識形態使我們相信人類已進入一個新紀元，
　　　一場決定性的「人類革命」將把艱苦而英雄化的生

產時代與舒適安樂的消費時代分隔開來，公平正義終於在此時代回歸人類及其欲望。但這根本不是實情。在生產力及其控制的擴大再生產中，生產與消費是一個而且是同一個巨大的邏輯過程。……事實上，這是新價值體系對一個已變得（相對地）無效率的體系的替換：一個基本上沒有改變的體系的內在替換；一個更普遍的過程之指導方針下的替換。（ibid.: 50）

　　布希亞將消費者的需求與滿足視為是一種新興的生產力，消費成了社會勞動，消費者成了勞工。他認為消費者如同十九世紀初期的勞工，是不自覺而且無組織的。而消費社會中的矛盾與危機，如消費工具所有權與生產內容的經濟責任等，則從未被有意識的揭露（ibid.: 54）。

　　我們可以看出在這個時期，布希亞的論述是屬於現代性的論述，從生產體系的角度來看消費體系，他站在一個新馬克思主義的立場批評消費社會對個人的控制，但布希亞並沒有提出任何可以改變消費社會的革命性力量。誠如科爾納（Douglas Kellner）指出的，他在此處對消費社會的批評分析，與法蘭克福學派特別是馬庫色對消費社會的批判，其實是很相近的（Kellner, 1989a: 18）。布希亞在此雖與馬庫色等馬克思主義者一樣，對消費社會採取批判的態度，但是不同於馬庫色在《單面向的人》中區分了真假需求，布希亞認為真假需求根本無從界定，他認為立基於需要之上所做的理

論分析基本上就已經是錯誤的了。因為他反對以需要來分析消費社會，所以他並不贊同馬克思對使用價值的說明，他認為使用價值是一種抽象，由需要體系抽象而來。需要、使用價值都是社會——歷史條件下的產物，二者均產生於資本主義之下，而不是先驗的、自然的。[3]

在《生產之鏡象》中布希亞批評馬克思的生產理論以及歷史唯物論。他認為生產理論無法解釋當代的資本主義社會，因為馬克思未能區分早期資本主義社會與晚期資本主義社會（Baudrillard, 1975: 120），他認為用使用價值和交換價值來解釋消費社會是不足的，因而提出「符號價值」（sign value），符號價值是由於商品的層級區分而產生的，和「炫耀性消費」息息相關。他又提及馬克思主義只是批評資本主義中的交換價值，而卻從未質疑過使用價值、勞動等概念，視之為自然的天性。布希亞認為前資本主義社會是由象徵性交換（symbolic exchange）的形式所支配，而非生產，所以馬克思把生產當作是所有社會運作的邏輯，基本上是錯誤的，是超歷史的（trans-history）。以原始社會為例子，他認為原始社會中既沒有生產、生產模式，也沒有辯證、潛意識，而馬克思主義及心理分析把他們的概念強加於原始社會之上，其實是犯了普遍主義（universalism）的錯誤（ibid.: 47-50）。

而且他認為馬克思所提出的社會主義，並非與資本主義完全絕裂，而是一種更有效率的生產組織。因此布希亞提出了另一種革命性的選擇來取代馬克思的社會主義革命，即

由資本主義社會再回復到象徵性交換的社會。這種由生產向象徵性交換的轉換，布希亞稱之為「文化革命」（cultural revolution）（ibid.: 141-147），此概念類似傅柯、李歐塔等人所提的微觀政治（micropolitics）。文化革命不同於階級鬥爭的是，上述的轉換過程是經由社會中的邊緣性團體對資本主義社會之價值的挑戰而達成的。但布希亞並未進一步說明他的文化革命的概念。

二、由現代性到後現代性

從《生產之鏡象》之後，布希亞跳離了馬克思主義與政治經濟學的範疇，脫離了現代性的論述，進入了另一個新的理論階段。為了掌握此新的體系，他對三個擬像原則進行了考古學的探討：第一個是文藝復興至工業革命之前的古典時期的模仿（counterfeit），立基於價值的自然法則；第二個原則是工業時期，立基於商業法則的生產（production）；第三個原則是第二次大戰之後至今，立基於結構法則的模擬或擬像（simulation）（Baudrillard, 1983a: 83）。布希亞提到，

3　布希亞對立基於**需要**之理論的批評可見於他的《符號的政治經濟學批判》
一書中的第二章 "The Ideological Genesis of Needs"。

「擬像不只是符號的遊戲；它們隱含了社會關係和社會權力」（ibid.: 88），而這三個擬像原則分別代表了擬像與真實之間三種不同的關係。

在封建時期社會層級區分非常明顯，階級流動幾乎不存在，符號在這個時期是相當固定的，某一些符號對應了某一種地位，任何符號的混淆均會受到懲罰，符號是「義務性的」，絕非任意的。

接下來的現代秩序（modern order），則可以分成兩個不同的階段，一個是文藝復興至工業革命之間的古典時期，另一個則是工業革命之後的工業時期。在古典時期，由於層級區分不再像封建時期那麼嚴苛，符號要由一個階層傳遞到另一個階層則需要模仿，而模仿即為再現的典範模式。在這個時期，符號從自然之中發現它的價值，藝術也多是模仿生活，代議制民主亦根源於自然法。[4]

工業革命之後符號並沒有傳統的層級限制，也就不需要模仿，因為生產機械化，所以符號是大規模的生產。以機器人為例，在這個時期著重的是它的機械效能，而不再與人相類比。不像古典時期的擬像原則，永遠存在著類似物與真實之間的差距，在機器大量的生產之下，無限的可複製性（reproducibility）取代了模仿。工業時期所強調的是如機器人般操作原則的永恆邏輯，人與機器不斷增加，而形成了其各自生產與再生產的循環（ibid.: 92-96）。在此時期是以交換價值的體系為中心，而交換價值是立基於使用價值之上，仍然有相應的等價物存在。

但是到了擬像的第三個原則時，符號與實體之間已經沒有任何關聯了，他提到：「現在是模擬的原則，而非真實的原則，規定了社會生活。終極性已經消失；我們現在是由模型所產生。像意識形態此類的事已不存在；存在的只是擬像（simulacra）」（Baudrillard, 1988: 120）。不同於前面他對消費社會的說明，在此處他認為我們面臨了生產的終結，而符碼成了社會生活的主要組織原則。此時對布希亞而言，現代性所指涉的是受工業布爾喬亞階級所主導的生產的時代，而後現代性則是模擬的時代。茲將三個時期及其所涉及的圖式、價值法則列表如下：

時期	主宰的圖式	價值法則
古典時期	模仿或仿造	價值的自然法則
工業時期	生產	價值的市場法則
當代符碼統治時期	擬像	價值的結構法則

布希亞所說的模擬意味著，「它是沒有原本或實在，而為模型所產生的真實：超真實（a hyperreal）」（Baudrillard,

---

4　自然法這個概念在歷史上意義非常分歧，在傳統上它被認為是一切人為法律都必須遵照的不成文道德律，被認為是對與錯的終極標準，是正直生活或合於自然生活的模範。

1983a: 2）。這代表了真實與想像、真與假之間差異的消失。他指出：

> 擬像的特質在於模型的先在性，所有模型都環繞著
> 這麼一個事實——模型先存在，模型中軌道的運轉，
> 構成了真正的事件磁場。事實不再具有自己的軌
> 道，而是出現於模型之間的交叉點，單一的事實甚
> 至可能是由所有的模型在一瞬間，共同產生出來的。
> （ibid.: 32）

　　而此「擬像的存在」（simulation beings）並沒有二極的區分，傳統的因果模型受到質疑，在主體與客體、積極與消極、目的與手段、真實與再現：真假……之間的兩極區分與界線統統瓦解，這也就是布希亞所描述的意義的「內爆」（implosion）（ibid.: 57）。而此內爆是因為外爆體系的失敗，因為現代文明在各方面都處於爆發與擴張的狀態下，最後失控所造成的（Baudrillard, 1983b: 59-60）。

　　在這個擬像的世界中，布希亞認為大眾就像是個黑洞吸收了所有的能量和光線一樣，吸收了所有覆加其上的意義，最後會因自己的重量而崩潰（ibid.: 3）。而且大眾是每個內爆過程的母體，社會亦內爆於大眾之中。大眾吸收所有的社會能量，所有的意義、符號與訊息甚至媒體，卻不再有任何反應。「大眾不再是參照物，因為它們不再屬於再現的原則。它們不自我表達它們自己，它們被測量。它們不做任何反應，

它們被測試」（ibid.: 20），但是經過媒體的意見調查及測試的結果，所指涉的卻不是大眾，而是一堆套入相同模型之成千上萬的資料，這些資料是依照模擬的方式不停地被再生產。在這個大眾時代中，階級消失了，解放及革命的夢想以及對不再有疏離之社會的追求，也統統消失了。

在布希亞所建構的擬像世界中，能吸收所有能量的大眾和內爆，使得革命和解放都不再具有可能性。所以在他的早期著作中提到的希望藉由文化革命，回復到象徵性交換的社會，也不再可行。而這時大眾的抵抗方式則是以「超順從」（hyperconformity）的方式進行，布希亞舉醫藥制度為例來說明。面對醫藥制度，大眾不再對醫藥的疏離採取正面對抗，而是以無限制的醫藥消費來瓦解此制度（ibid.: 46-47）。布希亞稱之為「策略性抵抗」（strategic resistance）：

> 策略性抵抗是對意義的拒絕以及對言辭的拒絕——
> 或對此系統的機制一種超順從的模擬，而這是一種
> 拒絕和不接納的形式。（ibid.: 108）

這造成布希亞和傅柯、德勒茲（Deleuze, Gilles）、李歐塔等人之間的立場上的歧異，他甚至質疑他們所主張的微觀政治的有效性。[5]

---

5 布希亞對傅柯、德勒茲等人的批評可見於他的 *Forget Foucault* 一書。

爾後他提出「誘惑」（seduction）這個概念取代前面提出的象徵性交換，來和生產及效用相抗衡（Best & Kellner, 1991: 125）。對布希亞而言，在今天「性」（sex）是屬於生產的邏輯，在這個概念架構下創造了諸如欲望的理論，以及有關壓抑和解放的論述，從而排除了誘惑的存在。但他認為若是在符號秩序之下，誘惑應是首要的，而性只不過是它的附加物，二者之間並沒有必然的關聯。誘惑並不屬於真實的原則，它作為儀式和遊戲，有它自己的規則及特點，而布希亞則用它來挑戰生產及性的秩序（Baudrillard, 1990a: 39-42）。

布希亞在斷言社會的終結之後，在〈公元兩千年會發生〉一文中，又提到了歷史的消失。他提出在模擬原則之下的兩個假設，一個是加速度，另一個是程序的減速，但二者都同樣指向歷史的終結。有關加速度的假說，他提到「這正是我們今日真實社會中的生活，正致力於使所有的物體、所有的訊息及所有意向之中的過程進行加速，特別是用現代媒體為每一個事件、每一個故事、每一個圖像創造出一個朝向無限的擬像空間」（布希亞，1991：73）。結果會造成：

> 沒有一種人類語言可以與光速相抗衡。
> 沒有一種歷史事件可以抵擋那放浪的擴散。
> 沒有任何意義可以抗拒加速度。
> 沒有任何歷史可以抗拒事實本身的離心作用以及反時空的無邊無境。（我甚至會說：性不得不解放，文化抵擋不住促銷，真理擋不住驗證等等。）
> 這就是我所謂的擬像。（ibid.）

而過程的減速則與上述提及的冷漠大眾有關，歷史亦內爆於大眾之中，所有的動力均消失在大眾的慣性之中，因為大眾是「沒有歷史、沒有意義、沒有自覺意識、沒有欲望。它們是所有歷史、所有意義、所有自覺意識、所有欲望的殘餘」（ibid.: 74）。歷史在此終結，並不是缺乏人物、暴力、或是事件，而是由於減速、冷漠和麻木。

　　透過歷史的終結，布希亞所透露的是，他不再高舉進步、理性等啟蒙的信念。但是對於布希亞而言，離開歷史進入擬像之中，並不是絕望的假設。對他而言，若是「歷史就是異化的場域，如果我們離開歷史，我們就離開了異化」，雖然是帶著懷舊的情緒離開（ibid.: 78）。而且如馬克思所預言的革命及社會主義或共產主義的到來，對布希亞而言，已經由未來倒向過去了。他說道：

　　　　……社會主義（在此與共產主義制度相通，在此歷史永遠停止），這最後的事件（革命）已經從未來（革命的理想）倒向過去。
　　　　這已經發生了。
　　　　因而不會再次發生。（ibid.: 81）

　　在此歷史終結的時代，他認為一切社會理論、一切社會轉變都不再可能，他也不再確信任何的選擇、抵抗或是拒絕，而我們只能適應這種情況。

三、布希亞與莊子──解構的範例

布希亞在他的《象徵性交換與死亡》一書中，曾徵引《莊子》書中「庖丁解牛」的故事，認真地加以討論（1993：120）。這個東西文化的交會值得注意。茲先將莊子原文和白話譯文分列如下：

【莊子原文】

庖丁為文惠君解牛，手之所觸，肩之所倚，足之所履，膝之所踦，砉然響然，奏刀騞然，莫不中音。合於桑林之舞，乃中經首之會。

文惠君曰：「嘻，善哉！技蓋至此乎？」

庖丁釋刀對曰：「臣之所好者道也，進乎技矣。始臣之解牛之時，所見無非全牛者。三年之後，未嘗見全牛也。方今之時，臣以神通而不以目視，官知止而神欲行，依乎天理，批大郤，導大窾，因其固然。技經肯綮之未嘗，而況大軱乎！良庖歲更刀，割也；族庖月更刀，折也。今臣之刀十九年矣，所解數千牛矣，而刀刃若新發於硎。彼節者有閒，而刀刃者無厚；以無厚入有閒，恢恢乎其於遊刃必有餘地矣，是以十九年而刀刃若新發於硎。雖然，每至於族，吾見其難為，怵然為戒，視為止，行為遲。動刀甚微，謋然已解，如土委地，牛不知其死也。

提刀而立，為之四顧，為之躊躇滿志，善刀而藏之。」

文惠君曰：「善哉！吾聞庖丁之言，得養生焉。」

〈養生主〉

【白話譯文】

有一個廚夫替梁惠王宰牛，他舉手投足之間，劈劈扒扒地直響，進刀剖解，牛的骨肉就嘩啦一聲分離了，那牛的分裂聲和刀的切割聲莫不合乎音樂的節拍。廚夫的一舉一動也莫不合於桑林樂章的舞步和經首樂章的韻律。

梁惠王看了不禁絕口讚嘆著：「啊！好極了！技術怎能精巧到這般地步？」

廚夫放下屠刀回答說：「我所愛好的是道，已經超過技術了。我開始宰牛的時候，滿眼只見渾淪一牛。三年以後，就未嘗看見渾淪的牛了，所見乃是牛骸筋骨的分解處。到了現在，我只用心神來理會而不用眼睛去觀看，耳目器官的作用都停止了，只是運用心神，順著牛身上自然的紋理，劈開筋骨的間隙，導向骨節的空竅，按著牛的自然紋理的組織去用刀，即連筋骨盤結的地方都沒有一點兒妨礙，何況那顯見的大骨頭呢？好的廚子一年換一把刀，他們是用刀去割筋肉的；普通的廚子一個月換一把

刀，他們是用刀去砍骨頭的。現在我的這把刀已經用了十九年了，所解的牛有幾千頭了，可是刀口還是像在磨刀石上新磨的一樣鋒利。因為牛骨節是有間隙的，而刀刃是沒有厚度的，以沒有厚度的刀刃切入有間隙的骨節，當然是遊刃恢恢，寬大有餘了。所以這把刀用了十九年還是像新磨的一樣。雖然這樣，可是每遇到筋骨交錯盤結的地方，我知道不容易下手，就小心謹慎，眼神專注，手腳緩慢，刀子微微一動，牛就嘩啦一下子解體了，如同泥土潰散落地一般，牛還不知道自己已經死了呢！這時我提刀站立，張望四方，心滿意足，把刀子揩乾淨收藏起來。」

梁惠王說：「好啊！我聽了廚夫這一番話，得到養生的道理了。」（白話譯文主要參考陳鼓應，1981）

布希亞把這一段敘述詮釋為**分析及解構操作**的完美範例。刀與身體並不做實質的征服（砍骨割筋肉），而是根據生理固有脈絡，揮刀於骨骼筋肉的空隙，用布希亞的話說即「刀只是作用於差異點的純粹差異」以解剖牛體（Baudrillard, 1993: 120）。刀與身體的交會（exchange）乃基於一種**象徵性的**經濟（symbolic economy），無關乎客觀知識，無關乎力量關係，而是**象徵性的**交會（交換），以無厚的刀刃會有空隙的骨節，擊虛避實，或以虛會虛。

「庖丁解牛」在莊子前後是一個流傳很廣的故事。其寓義仁者見仁，智者見智。《管子》〈制分〉談兵，用它來說明用兵攻敵要乘虛而入，不過把解牛者叫做「屠牛坦」。《呂氏春秋》把它和伯樂相馬的故事相提並論，以論證精神專一的作用。《淮南子》〈齊俗〉用它來論證同一個東西，由於引用它的人不同，目標不同，用法不同，結果就不一樣了。但在具體的文章脈絡裡，它的寓義必須是明確的（張希烽，1998：129）。布希亞從解構（deconstruction）的角度來理解莊子的「庖丁解牛」，亦即以**解剖的實際操作**比喻**解構的理論性操作**，從近取譬，以已知喻未知，頗為妥貼。

《莊子》〈養生主〉的主旨原是在提示**養生、自處、處世之道莫過於順任自然**。藉「庖丁解牛」比喻社會的複雜險惡如牛的筋骨盤結；處世當因其固然、依乎天理，並懷著怵然為戒的審慎、關注態度，且以藏斂（「善刀而藏之」）為自處之道。而順任自然也就能遊刃有餘、氣定神閒像庖丁一樣，這也是養生之道。莊子身處戰國亂世，如何養生是其關注所在。以往的註解家把此處的「養生」詮釋為「養神」，太過狹隘。〈養生主〉篇一開頭就說：「為善無近名，為惡無近刑，緣都以為經，可以保身，可以全生，可以養生，可以盡年。」所以除了養神之外，養生應包括保身和處世。

「庖丁解牛」經歷了三個階段或境界：一是「所見無非全牛者」階段，即對牛的生理結構還不瞭解的階段；二是「未嘗見全牛」階段，這時對牛的生理結構已經瞭如指掌，故動刀時只考慮牛體的結構關係，而不注意整個牛體；三是「以

神遇而不以目視，官知止而神欲行」階段，這時對牛的生理結構已經了然於心，不需要用眼睛去看了。因而在解牛時，所有感官都停止活動，只有精神與解牛的動作同步進行。這是出神入化的階段，手與心的距離消失了，庖丁從此走出**必然**的領域而進入了自由的天地。他順著牛的生理結構，揮刀於筋骨之間及骨節之內，從未碰到經絡筋骨連結的地方，更不用說砍到大塊骨頭上了（張希烽，1998：128）！

結語

在閱讀布希亞有關擬像、內爆、大眾以及社會及歷史的終結時，我有一種暈眩感，一種被強大的離心力帶著，要脫離現實，進入一個不可知的世界的感覺。他的理論似乎是介於真實世界與虛擬世界之間、現在與未來之間、現代與後現代之間。

在布希亞對馬克思的批評中，其實我們可以發現他們有一個共通點，亦即都具有一種懷舊的情緒，均推崇原始社會的生存模式。以馬克思來說，原始社會是一個共產社會，他希望以共產主義的社會取代資本主義的社會。而布希亞則認為原始社會是一個**象徵性交換的社會**，而他亦高舉象徵性交換的原則，欲回復到象徵性交換的社會。二者均是以原始社

會為其判準，而對他們所處的歷史社會情境進行批判。

布希亞批評馬克思以生產的概念強加到每一個歷史階段，是一種超歷史的作法，沒有考慮到不同的時空所具有的特殊性，因此帶有普遍主義以及智識帝國主義的色彩。我們姑且不論生產模式的概念是否可以套用於原始社會之上，因為馬克思和布希亞的歷史解釋是兩套不同的典範。但是馬克思卻認為他的《資本論》乃是對於西歐資本主義的一個歷史分析，而不是可用於所有社會的一種歷史哲學的理論（McLellan, 1980: 138; Kumar, 1986: 61-62）。因而布希亞批評馬克思是普遍主義及智識帝國主義，可能是對馬克思學說有所誤解。

至於布希亞所描述的擬像的世界、內爆、大眾的屬性、人們的媒體經驗、或者是歷史的終結等等的後現代的特殊現象，誠如費勒史東和科爾納所認為的，其論述需要更多系統經驗資料的佐證（Featherstone, 1991: 5; Kellner, 1989a: 213）。我們無法瞭解這些現象在不同的場域、不同的群體之中所產生的實際經驗，以及這些經驗如何影響或整合入具體個人的日常生活之中。而且我們生活的世界是否真如布希亞所描述的是一個擬像的世界，均可加以質疑。

布希亞提到內爆這個概念時，他針對的是傳統的因果模型，他反對主體／客體、真實／虛假、以及各種界線的區分，可是同時他卻十分堅持現代性與後現代性之間的不連續性，強調二者之間的不同。但是，誠如科爾納所言，現代與後現代之間雖有許多差異，像馬克思主義即未能針對消費、媒體、資訊、電腦化等後現代狀況做出適當的分析，然而二者之間

也有連續性存在，例如資本的邏輯在這兩個階段都具有重要的影響力（1987: 131; 1989: 16-21）。所以科爾納認為：如後現代主義者所強調的，主張現代與後現代是兩個截然不同時期的態度無助於解決當代所面臨的問題，在指出此歷史上的斷裂的同時，也不能完全忽視二者間的連續性。不過如科爾納那樣把現代和後現代當作兩個歷史階段，似乎稍嫌輕率，無法觀照到這個議題的複雜面。

還有一點非常有趣，是關於布希亞的政治立場，布希亞從早期對「文化革命」的主張，到大眾「超順從」的抵抗模式的說明，而到最後認為社會變遷及一切鬥爭、抵抗都不再可能。有些人，如科爾納，就曾經批評他有與右派立場妥協之嫌（Kellner, 1987: 143）。布希亞曾一度是激進的知識分子，隨著時間的推移，他越來越趨向於右派。但是根據布希亞在一篇訪談中表示，他根本不接受左派／右派此一區分判準，他認為他是這個舊判準的第一個犧牲者（Baudrillard, 1984/85: 172）。他以法國為例，提到知識分子感到最舒適的位置是站在反對者的立場，在由右翼執政的社會是如此，但是一旦社會由左翼執政時，知識分子即無法確認自己，無法做出適當的回應及調整，而這也是現今法國知識分子所面臨的問題（Baudrillard, 1984/85）。而面臨這種新的情境，布希亞拒絕接受任何基於舊基礎上的宣稱，可是他也未能提出另外新的選擇，這就難怪科爾納會認為布希亞無法幫助我們瞭解或解決許多當前理論上的以及政治上的問題。

傅柯

· 真理應被理解為一套有關論述的生產、規範、分配、流通及運作之程序的體系。

—— 傅柯

· "Truth" is linked in a circular relation with systems of power which produce and sustain it, and to effects of power which it induces and which extend it. A "régime" of truth.

—— Foucault

· 權力與自由並不是互斥的，而是彼此相互作用，甚至在某些情況下，自由成為權力運作的條件。

—— 傅柯

· 我們的參考點不應該是語言及符號的模型，而是戰爭及戰役的模型。關鍵性的歷史是戰爭的形式而非語言的形式，是權力的關係而非意義的關係。

—— 傅柯

· 現代人不是要去發現他自身、他的祕密和他的內隱真理，而是嘗試去發明他自己。這種現代性並不「在人自己的存有裡解放人」，它迫使人面對創造他自己的任務。

—— 傅柯

傅柯

現代與後現代
146

傅柯在日本

一、傅柯論啟蒙與現代性

傅柯在〈何謂啟蒙〉一文中提出了一個問題「現代性是啟蒙及其發展的續篇？或者是從十八世紀的基本原則斷裂或偏離開來的東西？」（Foucault, 1984: 39），傅柯在回答這個問題時認為，我們應該把現代性看成是一種「態度」，而不是一個歷史時期。他所界定的「態度」是「人和當代拉上關係的一種模式；某些人所做的自願抉擇；同時又有任務性質的行動與行為方式。」（ibid.）此定義類似於希臘人所說的 ethos（性向或氣質）。而且他認為與其區分「前現代」、「現代」、「後現代」，不如看看現代性的態度從形成以來，如何與各種「反現代性」的態度進行鬥爭。接著我們就來看看傅柯對現代性的界定以及對啟蒙的態度。

傅柯以法國詩人波特萊爾（Baudelaire）為例來說明現代的態度。他認為現代性是時間上不連續的意識，是一種與傳統的決裂、一種面對時間流逝的新奇感和暈眩感。就如同波特萊爾所形容的，現代是「朝生暮死、快速飛逝、偶發的」，但是這並不是承認和接受現代的變動不居，而是要用一股把現在「英雄化」的意志來面對這種變動（ibid.: 39-40）。所謂「把現在英雄化」也就是不把過去視為是神聖的，不把現在視為是傳統的延續。若以現代性的態度來面對現在，則是對現在的一種想像，想像現在有另外的可能性，並且改變現在。可是改變的方法不是摧毀現在，而是掌握、瞭解它（ibid.: 41）。

傅柯進而認為，「現代性不只是一種與現在的關係形式；也是人必須與自我建立的關係模式」（ibid.）。要成為現代，並不是要在瞬間流變中接受如自己現在那個樣子的自我，而把自己當作是一種複雜且難以詳盡描述的對象，簡言之，要把自己當作是一件藝術品。不再相信人擁有共同的本質，不再相信人的主體性。**現代人不是要發現他自身、他的祕密和他的內隱真理，而是要「發明」自己或自己的風格。這種現代性並不在人自己的存有裡解放人，所謂「人的本質」或「真實自我」並不存在，人被迫面對的是不斷嘗試創造自己，不斷嘗試新的經驗。也就是對生活抱著一種學習的態度，我們可以說這是一種生活的美學化（所謂的「生存美學」），傅柯稱之為倫理學。**

傅柯並從消極性和積極性兩方面來看此種現代精神氣質的特徵。在消極性上，傅柯認為不能將啟蒙運動與理性主義等量齊觀，必須跳脫出贊成啟蒙或反對啟蒙的二分法。不能因接受啟蒙而留在它的理性主義之中，或因批判啟蒙而掙脫其理性原則，而是必須分析在啟蒙中有何好的或壞的元素。「我們必須把自己當成在歷史上受到啟蒙一定程度限定的生命來分析，這種分析……不要回溯探索啟蒙裡能找到而且無論如何都得保存的所謂『理性的本質核心』；而是要尋找出必然事物在當代的限制，也就是說，找出什麼成分不是或者不再是身為自主主體的我們不可或缺的構成要素」（ibid.：43）。由此可看出傅柯並不認為他自己是反對啟蒙的思想家，他無法宣稱自己已站在啟蒙傳統之外。但傅柯並不接受啟蒙的「勒索」或「黑函」，他不接受「贊成啟蒙否則就是反對

啟蒙」此種截然的二分，他並非信奉啟蒙，而是要分析啟蒙對當代所造成的必然限制（Hoy, 1986: 21-23）。

此外，傅柯亦認為不可把啟蒙與人文主義二者混淆。啟蒙是以反省為主的模式，人文主義則經常與價值判斷相連，而且人文主義的主題本身極善變、極多樣、極不一貫，不能作為反省的主軸。所以啟蒙和人文主義二者處於緊張狀態，不能彼此等同（Foucault, 1984: 43-45）。

在積極性上，傅柯將現代性的哲學氣質形容為是一種「對限制的態度」，批判包含了「對限制的分析及反省」，而今天的批判問題必須針對「在我們所面對的普遍性、必然性、義務性的東西裡面，獨特、偶發的東西，以及任意限制的產物有何地位？簡言之，要點是把以必然限制（necessary limitation）為形式的批判，轉變為一種以可能的踰越（possible transgression）為形式的實踐批判。」（ibid.: 45）這種轉變意味著，**批判不再是用來找尋具有普遍價值的形式結構，而是探究我們如何建構並認識我們自己是行動、思想及言語的主體。**此種批判使我們在目前的偶然性之中看出，是否有不同於現在我們所思、所行、所言的另外的可能性，而這種可能性即是傅柯所說的**自由**（ibid.: 45-46）。

但是傅柯認為這種歷史的批判必須是一種實驗性的態度，亦即我們「自身的歷史存有論必須遠離一切宣稱為全面性的、徹底的計畫或方案」。他認為要「擺脫當代現存的制度，創造另一種社會、另一種思考方式、另一種文化、另一種世界觀的全盤計畫的宣稱，只會導致最危險的傳統復興起來」。

所以傅柯主張的是從歷史分析和實際態度的相互關係裡所發生的局部改變，而不是一種全盤的計畫（ibid.: 47）。[1]

其實這也就是傅柯的考古學——系譜學的分析方式。概觀傅柯的分析，我們可以看出他「對事物控制的關係、對他人行動的關係、對自身的關係」三大領域的關注，而這三個領域構成了知識、權力、倫理這三條主軸。他所要處理的問題是：「我們自己如何被建構成我們自己知識的主體？我們如何被建構成操作或屈服於權力關係的主體？我們如何被建構成我們自己行動的道德主體？」（ibid.: 49）。傅柯在〈主體與權力〉（The Subject and Power）一文中亦提到，**他的作品的目的不在於分析權力的現象，而在於創造一個人類被建構成主體之種種不同模式的歷史**（Foucault, 1983: 208）。底下我們就由傅柯對權力的概念開始探討，再進入他對道德主體之建構的討論。

1　傅柯對於全面性計畫的批評及其所採取的實驗性的態度，與巴柏（Karl Popper）在《開放社會及其敵人》中所提出的局部社會工程學（piecemeal social engineering），及李歐塔在 Just Gaming 中的立場頗為相近，雖然傅柯和巴柏對理性所採取的立場很不相同。

二、權力、真理、自由及倫理

　　傅柯在〈真理與權力〉（Truth and Power）一文中提到，我們的參考點不應該是語言及符號的模型，而是戰爭及戰役的模型。關鍵性的歷史是戰爭的形式而非語言的形式，是權力的關係而非意義的關係。雖然說歷史不具「意義」，但是這並不意味著它是荒謬的或是不連貫的。恰恰相反，歷史若根據鬥爭、戰略、戰術的可理解性，其實是可以理解的。根據辯證法（如矛盾邏輯）或是符號學（如溝通結構），是無法說明衝突的內在可理解性的（Foucault, 1980a: 114）。

　　他認為無論右派或左派均未能正確地分析**權力**問題，右派從憲法、主權等法律的觀點來看待權力，馬克思主義者則由國家機器的觀點出發，雙方都認為權力只存在於敵對的陣營之中，社會主義及西方資本主義彼此攻擊對方的權力觀為極權主義和階級統治。所以，傅柯認為由構成主體（現象學）和從經濟的終局決定、意識形態和上／下層結構的角度（馬克思主義）來看權力，都是對權力進行歷史分析的障礙（ibid.: 116）。他認為現代權力存在於日常生活的社會實踐當中，而這些實踐比信念更為根本，權力存在於我們的身體而非我們的頭腦。所以對這些實踐的批判分析比起對意識形態的批判分析更具優先性（Fraser, 1991: 279）。

　　傅柯相信權力與「真理」是息息相關的，「真理」與製造及維繫它的權力體系以一種循環的關係連繫著，形成一個「真理政權」（regime of truth）。「真理的一般政治」

（general politics of truth）也就是判斷真假陳述以及獲得一致價值的機制。**「真理應被理解為一套有關論述的生產、規範、分配、流通及運作之程序的體系」**（Foucault, 1980a: 133），而真理政權也意味著將真理類比於政治，真理不但有興衰，而且如政治史一般也是選擇、暴力及責任的對象。知識或真理並非中立、客觀、普遍或是進步及解放的工具，而是權力及支配的內在要素，經常是與社會規約相關聯。例如人的科學即為現代生物權力（bio-power）機制下的產物，它將人口、健康、都市生活及性等視為知識／權力的研究對象，透過這些新的量化的社會科學技術，進行計算、分析、預測及描述，這一門人的科學就成了管理、控制的資源了（Foucault, 1988: 106）。

現代的權力／真理政權並不是由上而下的發展，而是以一種局部的、片斷的「訓育制度」（disciplinary institutions）的形式發展，在學校、醫院、監獄中均可觀察到這些微觀技術的運作。現代權力不只是被統治階級、軍隊、國家等中心人物或制度所控制，其實它是「去中心化的」，是無所不在的，存在於人們的目的、身體、姿勢、欲望、及習慣之中。若將社會比喻為有機體，則權力流通遍及於社會體中最細小的微血管部分，具有毛細管的特質（Fraser, 1991: 276-278）。這樣的權力形態可稱之為**「微觀權力」**。

傅柯亦反對「壓抑說」，壓抑說認為權力均是負面的，只具有禁止、檢查及拒絕之類的功能。但依據傅柯的觀點，權力不只是說「不」、不只是壓抑，權力未必是邪惡的，同

時也生產物品、引發快感、形成知識、產生論述，我們必須視之為貫穿整個社會體的生產性網絡，而不只是具有壓抑的功能（Foucault, 1980a: 119）。

在〈主體與權力〉一文中，傅柯將權力關係界定為對他人行動起作用的行動模式，他論道「權力關係不是直接立即對他人起作用的行動模式，而是對他們的行動起作用：是行動對行動，對既存的行動或是對現在或將來可能出現的行動。」（Foucault, 1983: 220）直接對身體及物品起作用的是**暴力關係**而非**權力關係**，暴力關係破壞及關閉了所有的可能性，而權力關係卻能將他人視為行動者並且導致一種開放的結果，「可能打開一個回答、反應、結果及可能之發明的整個領域」，這種可能性就是傅柯所謂的**自由。在他看來，權力與自由並不是互斥的，而是彼此相互作用，甚至在某些情況下，自由成為權力運作的條件**（ibid.: 220-221）。

在此情況下，權力並不排除抵抗而且還立基於自由之上。若在權力關係中沒有回應的可能，則這已不是權力了，而是暴力或奴役。所以在傅柯的著作中，並不存在需要解放被壓抑的自由的敘事。我們可以把權力鬥爭的過程視為是彼此極大化己方的自由，而極小化對方自由的一種競賽（Dove, 1991: 91）。我們可以看出傅柯並非如弗雷哲（Fraser）所說的對自由與解放的問題存而不論（Fraser, 1991: 275）。在傅柯界定的權力關係中，權力鬥爭已不再是壓抑對方本質上存在的自由，對權力的分析是經驗性的而非規範性的，因此也不再需要為權力的分析尋求規範性基礎。

此外，傅柯將人與自己應該有的關係稱為「倫理」，而這涉及了個人如何將自己建構成為行動的主體，而此種主體化的模式具有四個面向（1986: 26-28）。在這四個倫理面向當中，我們可以稱第一個為**倫理內容**（ethical substance），涉及個體如何將自己的某一部分作為道德行為的主要內容。例如在古希臘時期與倫理內容相關聯的是快感與欲望，在基督教則轉變為肉慾，而性意識則是倫理內容的第三種形式。

第二個面向是**服從的模式**，也就是個體如何把自己與規則連繫起來，並且認識到自己有責任將其付諸行動。從古希臘羅馬時期將自己的存在視為是一種美學的模式，在晚期禁慾主義時期則是將自己視為是理性的存在。到了基督教之後，則是以宗教內在的法律形式來規範；在十八世紀之後則又加入了醫藥、科學及法學的架構。

倫理的第三個面向是**人們在道德方面所做努力的形式**，這不只是為了使自己的行為合乎一定的規則，而且還為了把自己轉變成行為主體，傅柯稱之為「自我形塑的行動」（the self-forming activity）。

第四個面向則是**道德主體的目的**（telos）。道德行為不僅以自身的成就為目的，而且它的道德目標還包括建立一種道德行為，這種道德行為不但使得個體做出總是與道德價值、規則相符的一些行為，還使個體達到某種**存在模式**（mode of being），一種顯示道德主體的特點的存在模式。

由傅柯對倫理的四個面向的說明，我們可以看出，在不同的歷史時期因為人在社會中角色的轉變，使得倫理主體以

不同的方式建構而成，連帶造成倫理的改變（Foucault, 1982:
241）。依傅柯之意，主體性並不是人的內在本質，主體性只
是一種被建構的產物，甚至「人」的誕生亦不過是現代權力
論述的產品罷了。

三、傅柯和現代性／後現代性議題

　　傅柯認為現代人受啟蒙運動一定程度影響，但是他不認
為我們必須接受啟蒙的勒索，亦即若非捍衛啟蒙便是反對啟
蒙，而是應該分析啟蒙對當代所造成的必然限制。他認為現
代性是一種人對時間及對自己的關係，而現代性的哲學氣質
則是一種對限制的態度，是一種實驗性態度的歷史批判。這
種現代性的哲學氣質反對全面性、普遍性的計畫。

　　由此我們可以看出他與哈伯馬斯的差異，哈伯馬斯對
啟蒙採取一種護衛的姿態，他認為阿多諾（Theodor W.
Adorno）及霍克海默所警覺到的啟蒙辯證發展的黑暗面是可
以補救的，解決啟蒙所造成的問題的方法是更進一步的啟蒙
（Richters, 1988: 619）。哈伯馬斯仍堅持啟蒙的解放企圖，
希望以**溝通理性**此一規範性的判準來追求自主、自由、正義，
或不被扭曲異化的人性等等，他認為啟蒙方案雖然尚未實現，
但仍然可以指導我們的行動。

對哈伯馬斯而言，像傅柯放棄規範性的基礎，反對全面性、普遍性，主張去中心化的主體，強調局部及多元的重要性，最終只會導致相對主義及虛無主義。但是對傅柯而言，真理與權力是相關的，真理並不意味著必須排除權力。像哈伯馬斯所主張的啟蒙方案，在傅柯眼中亦是權力關係下的產物，無法自外於權力。而且在這背後所預設的人的本質如主體、理性等概念是傅柯所拒斥的。而哈伯馬斯強調**共識**的形成與普遍性的判準，以傅柯的觀點來看其實正是支配與控制。無怪乎有人批評哈伯馬斯的理論某些部分帶有男性／中產階級／歐洲中心主義的偏頗。

雖然傅柯把自己擺在啟蒙傳統之中，但比較傅柯與哈伯馬斯在對現代性及啟蒙的界定及態度的差異之後，可以知道，傅柯的觀點仍然是相當不同於一般所認定的啟蒙思想家。

結語

傅柯由於罹患愛滋病而於 1984 年 6 月 25 日猝然去世，享年五十七歲。傅柯晚年關切**倫理學**的問題，倫理學對傅柯而言，不僅是一種理論，同時是一種實踐，一種生活風格或方式（a style of life）（Foucault, 1997: xxvi）。他的晚期代表作《性史》的第二卷及第三卷的主題也隨之轉移，所以《性

史》第一卷與《性史》第二、三卷之間有相當大的差別。傅柯晚期轉而關注西方古代世界（希臘羅馬）中倫理主體——自我的形塑或修養的問題。在此值得注意的是：前述紀登斯所說的「生活政治」和晚期傅柯隱約相互呼應。我們看到1982 年 10 月他在美國佛蒙特大學（University of Vermont）開了一門研討課討論「自我技藝學」（Technologies of the self）。[2] 探討西洋古代世界關照自我（care of the self）的種種方法，傅柯認為這是古代哲學最為關注的事情。

　　雖然一般都認為古代哲學最重要的道德原則是希臘德而斐神廟中的著名碑文「知汝自身」（gnothi seauton, Know yourself），然而傅柯認為此一原則隸屬於（或連繫於）另一原則「照顧（關懷）你自己」（epimeleia heautou, Take care of yourself），[3] 這是一條更為深廣的原則。因為一方面，一個人必然是「關照自身」的，才會去實行「知汝自身」的原則；另一方面，知汝自身或自我知識（self-knowledge）乃關照自我的一個要素。傅柯從柏拉圖對話錄（Alcibiades I, Apology）、基督教文獻、依比鳩魯哲學中找到一些強調關照自我的證據。

　　然而在西洋思想史上，知汝自身的原則卻模糊了關照自我的原則。因為基督教總是教人要愛他人、關心他人，關心自我即便不被看作是自私的，也很難成為一條道德原則；再者，近代哲學從笛卡兒到胡塞爾（Husserl），關於自我（思想主體）的知識在知識論中越來越重要。也因此在希臘羅馬文化中，自我知識乃是關照自我的結果，然而在現代世界，

恰恰相反，自我知識構成了基本的原則（Foucault, 1997: 228）。

傅柯晚年的關照自我可視為他二十多年來對精神病、犯罪、性等的歷史研究的一個結果。用他自己的術語來說在這些研究中，傅柯主要關注權力及支配的技藝學，而到 1981 年之後，他越來越關注一個人如何轉變成為一個主體（Martin et al., 1988: 3）。然而如前所述，傅柯的權力觀蘊涵了自由及創造性，所以上述兩種關注其實是相通的。

2　後來他的講稿被整理、編輯成一篇文章，連同其他人的評論編成了一本書出版，以「自我技藝學」為題。在傅柯的文章中，雖然主要是談自我技藝學，他也列出了人類四種主要的技藝學：（1）生產技藝學用以生產、轉變或操縱事物；（2）符號系統技藝學：運用符號、意義、或象徵；（3）權力技藝學：決定個人行為並將其隸屬於某種的目的或支配之下；（4）自我技藝學讓個人能夠以其自己或藉助他人，針對於他們的身體及靈魂、思想、行為、生存方式，從事某些的操作，從而轉變他們自己，以達到某一種幸福、純粹、智慧、完美、或不朽的狀態（Foucault, 1997: 225）。

3　這個希臘字可以譯為關懷或照顧，所以我在文中有時就統稱為「關照」，係把兩個詞併為一個詞，包括態度及行動。

主體、
自我和身分認同

· 在結構主義之中，主體消失了或者是「去中心化」（de-centered）了，主體只是語言、文化或潛意識的結果或效果，主體性被視為是社會和語言所建構起來的。

· 在古希臘羅馬時期，自我關照是認識自我或自我知識的先決條件，自我關照是處於一個比較重要的位置。但是到了現代，自我知識成了主要原則，因為主體哲學太過於強調自我知識。這種自我關照形成一種「生存美學」（esthetics of existence），把自我及生活當成一件藝術品來塑造。

· 子絕四——毋意、毋必、毋固、毋我。

——孔子

· 至人無己，神人無功，聖人無名。

——莊子

· 拉克勞和墨菲認為馬克思主義傳統在理論上和政治上有化約主義的傾向，把複雜的社會實在化約為生產和階級的議題，把主體位置的多樣性化約為階級位置。因而忽略了社會的多樣性、複雜性，忽略了各種反對團體的自主性，以及政治認同和鬥爭的開放性及偶發性。

德勒茲

傅柯

拉克勞

墨菲

前言

　　隨著後現代主義、後現代性這些概念的出現，許多「現代的」思想傳統及思惟方式都受到了挑戰。但是後現代本身的意義並非統一的，而是多樣的。後現代意味著啟蒙思潮及理性主義的動搖；李歐塔所說的對後設敘述的質疑，對統一的、系統的、整體性的知識的挑戰；布希亞所提在擬像的世界中，內爆使得一切的區分及界線均消失，大眾則吸收所有的社會能量，於是一切解放和革命不再可能；以及如傅柯、德勒茲等人放棄宏觀政治的解放宣稱，而致力於微觀政治及區域性的鬥爭。

　　在後現代理論中，否定了人類主體及社會階級作為社會變遷的施為者（agent），也放棄了革命式的社會變遷的希望。而且反對本質主義、理性主義，以及普遍主義，而後現代理論所強調的是差異、多元主義、異質性等概念。這些特點不論在哲學上、文化上、政治上……均產生了相當深遠的影響。

　　本章所要探究的是西方主體哲學在當代所受到的批評及其所產生的影響。在第二節由主體性的危機開始，主要是以傅柯對人如何被建構成為知識、權力、道德的主體的論述，以駁斥自啟蒙以來的主體哲學。第三節所討論的「現代自我」與「後現代自我」則是因為對主體的界定不同，而產生不同的自我圖像，而這也相應於不同時期的社會環境及思潮而有所差異。對於認同問題的討論亦是在「主體死亡」的標題下，所引申出來的。後現代對於異質性及差異性的強調與認同是

否會造成壓迫和支配成為一個相當迫切的問題，這也使得差異政治與認同政治之間存在著緊張性。但是在現代／後現代的爭論之下所提出的認同的片斷化或多元化，的確也為更多的政治行動帶來了可能性。

一、主體性的危機

依照洛蒂的說法，主體性哲學的建立可以回溯到笛卡兒，我們可以將笛卡兒視為是現代主體哲學的建立者（Rorty, 1985: 170-171）。笛卡兒提出了心物二元論，他將個別主體放置於心靈的中心，而此個別主體是由理性及思考能力所構成的。故笛卡兒式的主體是理性的、有思考能力的，以及意識的主體。也因為西方哲學對他的重視，而導引出康德的主體性哲學，使得康德、黑格爾及哈伯馬斯將主體性的問題看成了現代哲學中迫切的問題。洛蒂認為西方哲學若是沒有忽略培根的重要性的話，就不會使我們一直固守那一群「偉大哲學家」，而那一群偉大哲學家也就不會為了主體性原則而奮鬥了二、三百年，但是卻對歐洲實現啟蒙理想並未產生重大的影響。

麥卡錫提到，笛卡兒及康德之理性自主主體概念產生了重大的影響，不僅影響了黑格爾，連黑格爾左派及黑格爾右

派也都選擇了主體哲學的路線（McCarthy, 1987）。另外，在此傳統下所界定的關於人的概念，也就成了西方人道主義的核心，而人道主義與存在主義及現象學又是息息相關。然而另一方面，結構主義、後結構主義、後現代理論、女性主義等思想的發展，都對啟蒙傳統中的主體哲學提出了批評。

例如結構主義對人道主義的批評可謂不遺餘力，結構主義者反對人道主義中有關主體的概念。在結構主義之中，主體消失了或是「去中心化」了，主體只是語言、文化或是潛意識的結果，如阿爾都塞（Louis Althusser）所說的「主體」只是結構的承攜者或承載者，主體性被視為是社會和語言所建構起來的。而後結構主義者也批評結構主義未能與人道主義完全絕裂，仍然秉持著「不變的人類本質」此一人道主義的信念（Best & Kellner, 1991: 20）。

哈伯馬斯認為尼采哲學以及兩股後尼采的思想造成了對主體哲學的幻滅，這兩股後尼采的思想一股是由巴塔耶傳承至傅柯，另一股則是由海德格（Martin Heidegger）至德希達（Jacques Derrida）（McCarthy, 1987）。例如傅柯關於主體及自我的觀念就相當具有代表性。傅柯認為人是透過不同方式的建構而成為主體的。他自己曾說過主體是他研究的中心主題（Foucault, 1983: 209）。扣住他的著作中的知識、權力、和倫理三大主軸，也就產生了人是如何成為知識的主體、如何成為操作或服從權力關係的主體、如何成為自己的行動的道德主體等這些問題。在認知主體的建構上，傅柯對主體性的討論涉及了他對人文科學的分析。他認為十七世紀的知識形態和十八世紀末、十九世紀初出現的人文科學是兩種不

同的、不相連續的認識結構。在十七世紀的古典時期所崇尚的是秩序及穩定性，在這個時期人並不是創造者，唯一的創造者是上帝。人的作用是闡明世界的秩序而無法賦予意義。這時主體的特殊活動只是澄清概念。在這個時期人並沒有一席之地，因而排除了產生人文科學的可能性。到了十八世紀末人文科學出現了，人的有限性被強調，這時人是作為知識的客體和認知的主體，而且是衡量所有事物的尺度。人的有限性正是他掌握完整知識的基礎，而且正是其有限性而能夠取代在古典時期上帝的位置，這也就是現代性中人的定義及定位。

傅柯認為在人文科學中存在無法解決的矛盾，**即肯定人是有限的存在，但是同時又想要否定其有限性**。在這種雙重性下，人表現為「（1）作為被經驗研究的事實之中的一個事實，但又是所有知識可能成立的先驗條件；（2）被他無法弄清楚的東西（非思）所包圍，但他潛能上又是清晰的我思（*cogito*），所有可知性的來源；（3）作為悠久歷史的產物他永遠無法回到此歷史的開端，但弔詭的是，他又是此歷史的根源。」（Dreyfus & Rabinow, 1983: 31; Foucault, 1973: 339）而面對這種經驗／先驗、非思／我思、根源的隱退／顯現等的二元對立，康德想透過內容與形式的二分來消解這些矛盾，許多哲學家及人文科學家也做了種種的努力。但是傅柯認為除非質疑「人的存在」此一人文科學的出發點，否則任何這類企圖都是徒然的。

與此相對應的，德勒茲在《傅柯》一書的附錄中談到

上帝之死與人之死，以及超人的出現（1986: 125-132）。他指出在傅柯的分析中，西方十七、十八世紀的古典時期是被無限性的秩序所支配。此時內在於人的力量與將事物高舉至無限性的力量有關，這是一種神的形式，人透過此種外界的無限力量來證明神的存在。在此時的科學形式是一般性的（general），是受無限性的秩序所支配的，這些科學是以生物的「性質」、語言的「根源」和財富的「金錢」（或「土地」）（"character" for living beings, "root" for languages, "money" [or "land"] for wealth）等形式出現，與十九世紀出現的科學形式形成明顯的對比。

　　到了十九世紀，內在於人的力量與外界的有限力量相關，神的形式消失了，代之而起的是**人的形式**。這些有限的力量指的是生命、勞動與語言，這三個有限性的根源產生了生物學、政治經濟學、語言學這三門學科。此時許多科學的形式是比較，不同於十七世紀的科學形式所強調的一般性。但是在人的形式確立的同時，卻也因為其有限性的秩序而隱含了人之死亡。德勒茲認為在「人之死亡」以後，除了神與人的形式之外，出現了尼采所稱的「超人」。此時人與外在力量的關係是無限的有限性（unlimited finity），也就是由數目有限的元素進行連結組合之後所產生的無限多樣性，我們可將此類比為基因符碼的組合（Deleuze, 1986: 130-132）。[1]

---

1 中國哲學也討論到人的有限性與無限性的問題，或許可以與此節相關的討論互相參照。在儒、釋、道等的思想傳統中，雖然都承認人的有限性，但

在「人如何成為行使或服從於權力的主體」的建構方面，傅柯提到有人認為決定主體性形式的是生產力、階級鬥爭和意識形態結構。不過他卻認為新的主體性，是在權力鬥爭中所建立的。他認為「主體」一詞有兩個意思：「透過控制及依賴而服從於別人，和透過良知和自我認識而與自己的身分相連結。這兩種涵義都意指一種使個人屈從及隸屬的權力形式。」（Foucault, 1983: 212）他認為要瞭解權力關係應該由反抗權力的形式著手，而反抗權力的形式有下述三種：第一種是反對種族的、社會的、宗教的支配形式；第二種是反對將個人與他們所生產的東西分離的剝削形式；第三種則是反對使個人束縛於自己並以這種方式屈從於他人的權力形式，也就是反對順服的鬥爭，反對主體性的屈服形式的鬥爭（ibid.: 212-213）。

上述三種鬥爭形式可能相互融合，但是傅柯認為在不同的時期多半還是會有其中一種形式特別凸顯。例如在封建社會中，是反對種族的或社會的支配的鬥爭佔上風，而到了十九世紀則是反對剝削的鬥爭最為關鍵，當代則是第三種反對服從形式的鬥爭顯得特別重要。而這些鬥爭如前面提到的，為的就是爭取新的主體性。傅柯特別提到，現今反對服從形式的鬥爭，是由於國家此一政治權力形式不斷發展的結果（ibid.: 213-216）。而國家既是一種總體化的權力形式，也是一種個體化的權力形式，它結合了基督教機構的牧師權力此一舊的權力技術，使得國家成為現代個體化的策源地。也就是除了各種制度、機構之外，尚有許多監督的技術，把個人的生、死、疾病、工作……納入控制之中。所以在當代反

抗服從形式的鬥爭中，除了必須把個人從國家機器中解放出來之外，還要對抗與之相關的「個體化的管制」。

至於在道德主體的建構上，傅柯認為這就是倫理，意指人與自己的關係，也就是所謂的主體化（subjectivation）。在他看來古希臘人發明的主體是主體化的產品，而主體性則是源自於權力和知識。在那個時期對其他人的控制必然伴隨著控制自己的要求，因為自我控制為的是要「證明他們能當之無愧地對他人施用權力」，所以人與自我的關係是源自於人與他人的關係（Foucault, 1985: 20）。由此可知，人與自己的關係必須由權力的關係和知識的關係的角度才能理解。在德勒茲對傅柯的詮釋中，我們將可看到主體化的四個面向即蘊涵了知識和權力的關係。

傅柯提到主體化的四個面，第一個面是倫理內容，指的是個體如何將自己的某一部分作為道德行為的主要內容，例如在古希臘時期是身體及快感，而在基督教時期則是肉慾與欲望。第二個面是服從的形式，也就是個人如何將自己與規則相關聯，並且體認到自己有責任將之付諸行動，而這些規則可能是自然的、神聖的、理性的或是美學的。例如在古希臘羅

是透過某種修養的工夫及歷程，人可以超越此有限性，如聖人、佛、菩薩、至人、真人等品位所代表的。牟宗三概括的說法「人是有限的，但可以無限」，試圖把人的有限性與無限性的矛盾解消了。這類修養歷程與傅柯所謂的「自我技藝學」或「自我實踐」以及哈道特（Pierre Hadot）所說的「心靈修養」（spiritual exercises）可以相通。

馬時期，人們將自己視為是美學的存在，在晚期禁慾主義時期則將自己視為是理性的存在。倫理（也就是主體化）的第三個面是人們的苦心經營（elaboration）及倫理工作（ethical work）的形式，這不只是為了使自己的行為合乎一定的規則，而且還要將自己轉變為行為主體，傅柯又稱為自我形塑的行動。第四個面是道德主體的目的，這不只是以自身的成就為目的，而且還包括建立一種道德行為。這種道德行為不但使得個人的行為與道德價值及規則相符，而且還使個人服從於某種顯示道德主體之特點的存在模式（1985: 26-28）。

在德勒茲的詮釋下，第一個面向中的身體、快感、肉慾、欲望是有關人自己肉體的部分；第二個面向，服從的形式指的是權力之間的關係；第三個面向則是與知識或是真理的關係；第四個面向德勒茲稱之為「期望的內在性」（interiority of expectation），指的是依照主體的不同的期望，如不朽、自由、救贖或是死亡而產生的許多套不同的行為模式（Deleuze, 1986: 104）。由此可見，知識、權力和倫理三者彼此相關。在傅柯看來，主體是在歷史中被形塑的，在不同的情況下，人與自己及他人的關係形式也不相同，所以我們並不是以一個不變的、統一的主體來面對自己以及他人。

而傅柯所提到自我的技術時，涉及了兩個原則，一個是**自我關照**，另一個是**知汝自身**或**自我知識**（Foucault, 1988: 19-20）。在古希臘羅馬時期，自我關照是認識自我或自我知識的先決條件，自我關照是處於一個比較重要的位置。但是到了現代，自我的知識成了主要的原則，因為主體哲學太過

於強調自我的知識，由笛卡兒到胡塞爾均強調能知的主體而忽略了自我的關照。這種自我關照就是一種「生存美學」，把自我及生活當成一種藝術品來塑造。或許對自我關照之重新的重視，能夠在主體哲學之外有其他的出路。

二、現代自我和後現代自我

海勒（Agnes Heller）提到，人藉著兩個步驟來顯示自己是一個主體，首先是藉由有意義的世界觀來詮釋自己的內在，並將之繪製成地圖，第二個步驟則是在瞭解世界中顯現此地圖。而這內在的地圖，我們就稱之為自我。但是世界觀並非固定不變的，所以自我並非和諧一致、永久不變的（Heller, 1990: 74-76）。

在現代與後現代的爭論中，啟蒙思想中超驗的主體一直是後現代思想家們攻擊的目標。因為啟蒙思想中的主體是普遍主義的、本質論的，它抽離了原有的歷史情境，而且宣稱它抽離原有歷史情境後的正確性，想要將之永恆化。而後現代主義卻質疑它的正當性，因為此一主體所代表的不過是某一特定的文化、階級、種族及性別。於是在區分現代性與後現代性時，主體之死成了一個重要的指標。由傅柯提出的自我的技藝和德希達對邏格思中心主義或理智中心主義

（Logocentrism）的解構之後，產生了有別於啟蒙傳統的後現代的自我。

喬琴（Kenneth J. Gergen）在《飽和自我》（1991）一書中區分了三個不同時期的自我：浪漫主義自我、現代自我和後現代自我。浪漫主義自我強調的是個別自我的自主性以及情緒（emotions）的至高無上；現代自我強調的是本質（essential qualities），但是它卻經常在懷疑、不確定性和不一致性中拉扯；而後現代自我則是由影像（images）所構成，此一後現代自我並非本質主義式的，它是由關係而非個人所構成，而且也不具一致性。席隆（Tseelon）比較了這幾個不同時期之自我的異同，浪漫主義的自我和現代主義的自我均預設了表顯自我（presented self）與真實自我（true self）間的二元對立，但是浪漫主義較重視內在的真實自我，而現代主義則較重視外在的表顯自我（1992: 119-121）。而現代的自我和後現代的自我在身分認同（identity）上均呈現出破碎與片斷化的現象，但是二者不同之處在於現代主義企圖由混亂中解救出本質的自我，而後現代主義卻認為根本沒有本質的存在。

席隆根據喬琴的區分而將之簡化為笛卡兒式的自我與後笛卡兒式的自我。笛卡兒式的自我包含了浪漫主義自我和現代自我，而後笛卡兒式的自我即是後現代的自我。席隆認為他的分類較不容易引起混淆，而且由笛卡兒式的自我轉移至後笛卡兒式的自我，在文學理論、本體論及認識論上均有與之相應的轉移。在文學理論上是趨向「主體的消失」；在

本體論上則是標誌著由「本質主義的實體與本體論上的統一轉變為本體論的辯證」；在認識論上則是如詹明信所説的，由自主的自我之深層模式過渡到互相連結的自我之表層模式（ibid.: 121）。席隆用笛卡兒式的自我與後笛卡兒式的自我來作區分，我們可以看出他所要強調的是本質主義的自我與反本質主義的自我之間的對比。他認為真實自我與非真實自我之間的分別並不存在，其實二者都是被建構出來的。

傅柯晚期談西方古代的自我實踐或自我技藝學，強調「形塑自我」或「修養自我」（Cultivation of the Self）的理念。法國希臘羅馬哲學專家哈道特（Pierre Hadot）對此提出了異議，他認為希臘羅馬時代心靈修養的目標並不是自我形塑，而是要「超越自我」或「普遍化自我」（Hadot, 1995: 206 ff.）。這標示了自我發展的一個新面向，雖然是從古代哲學發掘出來的，畢竟真實的東西必定是歷久彌新的。

我們發現東方思想也有這麼一個面向。儒釋道都有類似思想，如論語提到「子絕四——毋意、毋必、毋固、**毋我**」，佛學上説的「**去除我執**」，以及莊子所説「至人**無己**，神人無功，聖人無名」，都把**無我**（selfless）當作道德修養的一個最高境界，也是自我發展的一個理想的階段。

不過對於哈道特／傅柯的議題，我的看法和哈道特略有不同，形塑自我的理念如果做廣義的詮釋，和超越自我或無我的理念並沒有什麼矛盾可言，因為超越自我或無我也是一個人對自我的形塑或修養的一種境界，絕不是一種自然而然的狀態。

三、身分認同的問題

　　許多後現代主義者如傅柯、德勒茲、李歐塔等人均強調多元性、異質性、邊緣性，這與差異政治的主張有相當程度的契合。但是他們對於認同卻懷有很強的戒心，常將之與規範化（normalization）及壓迫等量齊觀，以致未能進一步說明發展政治意識以及認同之基進形式的重要性。但是像詹明信、紀登斯及其他某些理論家均強調文化政治或是日常生活之政治的重要性。因而也就產生了認同政治（politics of identity）及差異政治（politics of difference）等概念。

　　在超驗主體之死以後，認同問題產生了危機，個人因為主體的去中心化或是主體的錯亂（dislocation），無論是對於自己在社會或文化中所處位置的確定感，或是對於自己作為一個整合主體的穩定感均受到了威脅。在後現代狀況中因為對差異的強調，所以在社會中可以區分出彼此互相區隔或是對立的群體。於是對個人而言，就產生了許多不同的主體位置（subject positions）。也因為對差異的重視，所以也就沒有永久的認同。社會之所以能夠連結在一起，並不是同質性，而是不同的群體在某些情況下能相互連結，但此種連結總是部分的，而認同的結構也是多元的、開放的。

　　霍爾（Stuart Hall）提到認同的片斷化或多元化的政治後果，首先認同之間是矛盾的，而這些矛盾不只發生在外在的社會中，也發生在個人的內在世界之中。而且並不存在單一的認同，或是所謂「主要的認同」（master identity），也就

是階級不再是唯一的認同範疇。社會中出現許多立基於新的政治基礎之上的「新社會運動」，例如女性主義運動、黑人反對運動、反核及生態運動等。在這種情況下，認同並非是自主的，而是可以被贏得或是失去的，因而認同也就被加以政治化了（1992: 279-280）。

　　而此種認同的多元性，在西方 1960 年代之後的政治社會運動中，產生不同於以往二元化階級鬥爭的概念。這些政治社會運動也就是前面提到的「新社會運動」，這些新社會運動具有幾項特點：它們反對西方的自由主義政治，以及東方的史達林主義政治；它們懷疑官僚形式的組織，而較支持自發性及政治意志的行動；這些運動有很強的文化意義及文化形式；它們反映了階級政治的削弱或結束，社會運動遂呈現出多樣性；各種不同的運動訴諸其支持者的社會認同，如性政治訴諸同性戀者，女性主義訴諸婦女，而反戰則訴諸和平主義者，每一種運動都有其身分認同（Hall, 1992: 290）。貝思特（Steven Best）和科爾納（Douglas Kellner）認為這些運動基本上可以理解為「後現代政治」，他們提到後現代政治是在「差異政治」與「認同政治」之下被加以理論化的（1991: 205-206）。所謂差異政治是企圖在一些被現代政治所忽略的範疇中建立新的團體，在階級認同之外強調社會群體的差異性，例如生態保護、女性主義、同性戀、黑人或少數民族等團體；而認同的政治則是企圖動員立基於政治及文化認同之建構的政治，而此認同的建構是透過政治鬥爭及承諾而達成的。在差異政治與認同政治之間其實有一種緊張性存在，如果太過強調認同會導致如傅柯、德勒茲、李歐塔等

人所擔憂的一種壓迫；但是如太過強調差異，則又會忽略了現有的權力關係，而無法解決問題。

這中間的矛盾類似拉克勞（Ernesto Laclau）對於普遍主義與特殊主義的說明。他認為二者之間的緊張無法獲得紓解，完全拒斥普遍主義只會使反對政治走入死巷，較好的解決方式是重新界定普遍性和特殊性的內涵（Laclau, 1992: 89）。他的親密合作者墨菲（Chantal Mouffe）亦提到，他們並不是要把普遍主義完全排除，而是要將之特殊化，在普遍與特殊之間進行新的聯接（1988: 36）。

拉克勞和墨菲認為馬克思主義傳統在理論上和政治上有化約主義的傾向，把複雜的社會實在化約為生產和階級的議題，把主體位置的多樣性化約為階級位置。因而忽略了社會的多樣性、複雜性，忽略了各種反對團體的自主性，以及政治認同和鬥爭的開放性及偶發性。雖然他們採取後結構主義、後現代主義和後馬克思主義的立場，強調多元主義和異質性，並運用論述理論（discourse theory）來分析社會，但是他們卻反對後現代理論中常見的虛無主義和犬儒主義。所以他們的立場不同於布希亞和李歐塔，而較近似傅柯和德勒茲。不過和傅柯等人不同的是，他們認為現代的政治價值不應該完全拋棄。他們雖然贊同某些現代的政治價值，卻非常反對啟蒙運動的普遍主義和理性主義。他們認為政治認同既然是開放的、偶然的，那麼在這些政治認同中，就沒有哪一個是具有優位性的。正如墨菲所說的「在不同的主體位置被連結的過程中，認同並未曾被明確地建立過，在其中總是存在著某

種程度的開放性和模糊性。」（Mouffe, 1988: 35）

　　雖然拉克勞及墨菲對論述理論的重視，使他們忽略了其他的實踐和制度，而且如貝思特和科爾納所說，他們的論述理論使他們對於新社會運動無法作出具體的分析（1991: 204）。但是他們致力於後現代政治的建立，在許多團體和個人如有色人種、女性主義者和其他新社會運動的成員之間均產生了迴響。至少使得與後現代主義息息相關的虛無主義、無政府主義或反政治主義（apoliticism）等所導致的無力感能夠減少。

現代和
後現代藝術

· 每個東西都可能是藝術，只要你認為它是，它就是。

· 當初「現成物」理念的核心是為了把現成的物品轉化為藝術品之後，可以摧毀一般人想取得藝術品的動機，因為任何人都可輕而易舉地取得這個東西。這種藝術史上史無前例的逆轉行動卻在資本主義社會僵化的交易制度中犧牲掉了。

—— 伽波里克（Suzi Gablik）

· 藝術必定是預言性的，藝術家必定是預言性的。

—— 柯林伍德

· 藝術是自由的表現。

—— 米羅

· 我在寫作中獲得自由。

—— 高行健

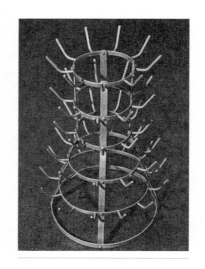

杜象的經典作品「現成物：自行
車輪」，1913

杜象，《晾瓶器》，1914

杜象從蒙娜麗莎照片所「創作」的
一個「修改的現成物」，其顛覆性
不言而喻，1919

現代和後現代藝術

米羅，《密碼與星座，愛上一名女子》，1941

前言

　　藝術在現代主義理想形式的標榜下，一直充斥著高不可攀的尊貴情結。因此，藝術長久以來都是被置放於至高無上的殿堂中供人瞻仰的，此舉不僅孤立了藝術與群眾兩造，也加深了藝術家與群眾的距離。是什麼使得藝術賦有如此神聖性質而疏離於物本身？據克萊夫・貝爾的解說，答案只有一個，那就是「有意味的形式」，[1] 其意為在各個不同的作品中，線條、色彩以某特殊方式組成某種形式或形式間的關係，激起我們的審美感情（Clive Bell, 1991）。這種線條／色彩的關係和組合，這些在審美上感人的形式稱之為有意味的形式。簡言之，我們若對物體發生「有意味的形式」之體會，其物便非尋常之物，可稱之為藝術。

　　藝術雖然疏離於物，但並不應該造成觀眾（社會）與藝術的隔閡。從近代（十九世紀）藝術史的變革：古典主義、浪漫主義、自然主義、寫實主義、印象主義等，就可看出藝術對社會轉變的敏銳嗅覺。例如寫實主義的產生與當時一般社會的傾向有密切關係。「因法國革命使舊有的貴族中心主義衰落，發展了自由平等的思想……這種思想的活動與表現可以說是對現實的全然客觀之觀察，並由人權的尊重來開始。在此，對現實亦起了批判作用，且由現實更發揮了新的

1　「有意味的形式」是形式主義美學者克萊夫・貝爾的核心主張。此一著名的審美假設，對西方美學的發展具有重大的影響。

意義。」（嘉門安雄，1986）因此繪畫上的市民性強調，不啻發揮了社會思想改革的推進作用，加速社會性格的普同化。進入二十世紀以後，藝術的敏感性依舊，只不過向來「純粹」、「精緻」、「高級」的藝術面臨「轉型」或「支解」的命運，現代主義遭到挑戰。二十世紀藝術的重點已不在藝術品本身，而在於藝術觀念思想的更新。例如前期的立體派經由造型的分解，野獸派經由色彩與筆觸的解放，使「繪畫的傳統具像崩潰碎落，進入到更為本質的對色彩、造型的思考與研究。」（蔣勳，1987）於是藝術家變得不只要為了把藝術從庸碌繁瑣的人世中解放出來而戰，更要為了把它從視覺現實本身中解放出來而戰；藝術不僅主動向禁忌挑戰，而且更大肆掀翻人類僵化的感覺世界，使得藝術與現實不斷發生相撞擊的力量，故藝術對當代文化的義涵也隨之轉變。

在這峰迴路轉的變化中，最引人注意的莫過於通俗（或大眾）藝術的現身。這種引用「現成物」（ready-made）的作用，由馬塞爾・杜象（Marcel Duchamp）特異獨行的實物「創作」之後，脫離物體意義的**物體藝術**、**實物藝術**或**裝置藝術**便日漸為人熟知。在這一連串風起雲湧的，以物體為對象的通俗藝術中，又以達達（Dada）與普普（Pop）為初期與後期的代表。「達達是歷史上最虛無的美學；它反對一切價值的建立，它嘲諷、破壞、打亂人類的邏輯與經驗……幾乎二十世紀以後的藝術流變沒有不受達達影響的。」（蔣勳，1987）而普普則「既不是鏡花水月的寫實，也不是形式主義的抽象，而是一種有關符號與符號系統的藝術。」（Tom Wolfe, 1976）其主要目的是「打破藝術和日常生活的界線」

（Willy Rotzler, 1991）。所以達達身為二十世紀藝術流變的舵手，而普普雖受其影響，但以肯定現世的姿態，與達達共同進行二十世紀藝術與文化之間最具震撼力的對話。

藝術是精神生活之必須，也是精神生活的產物。在資本主義科技「昌明」、機器「進步」、大眾傳播「發達」的社會，所孕育的生活方式、文化已大大不同於昔日社會，當下社會之藝術對此轉變的感知又是如何？反之，通俗藝術的「反藝術」精神對志得意滿的現代主義又會造成什麼打擊，這種困境能夠解決嗎？

本章擬以文化為出發點，以通俗藝術為對象，探討其反藝術的精神與現代主義、後現代主義的關聯。首先以「物體與藝術」說明物體藝術的起源和概略發展，其次以達達、普普二種通俗藝術解析反藝術的義涵與表現方式，再討論其與文化的相關，以及採用「後現代主義」文化觀來詮釋。

一、物體與藝術

我們現在所知最早的藝術品，年代約在兩萬多年前，也就是舊石器時代晚期。換句話說，從原始人開始，人類就與藝術結下不解之緣。人類雖然把他身外的東西視為客體，但是也與其建立關係。這些關係，有的是**親近**、有的是**畏懼**，

親近的就加以收藏之，畏懼的就與其保持距離，並視其有超自然的力量。後者（畏懼）的出發點乃是「在一個原始人的心目中，萬事萬物都擁有靈魂……所有的靈魂都需要安撫，藝術的工作就是為萬物提供一個適當的歸宿，『挽留』它們。」（霍斯特、伍德瑪・汪森，1989）這種認同，來自靈魂論的自然觀和世界觀。而前者（親近）的出發點則是「許多民族、許多時代，蒐集自然物體，認為它具有神祕力量，或者把它當作美的沉思物，思索著世界的流變。」（Suzi Gablik, 1991）上述兩種過程可使我們理解，自然物本為自然物，之所以成為藝術品，是人類主導而成的。但無論被挑選出的物體是自然物或人造物，其與社會的關聯，就像一條貫穿整個人類歷史的長河，從遠古川流不息到現在。

當代**物體藝術**之引人注意，應從 1914 年初杜象將真實日用品（晾瓶器）寫了字號稱之為藝術品開始，東西便可不經畫筆，直接成為作品的一部分；而在 1936 年，有第一次的物體藝術之團體展，地點是巴黎的拉頓畫廊（Galerie Charles Ratton）。由此可知，當代物體藝術之受重視，與始作俑者杜象不無關係。杜象是從 1911 年就開始走向表現運動過程的繪畫，從杜象對藝術的思考更能瞭解物體藝術的目的為何。杜象曾將「反對所謂的品味」當成是他的終身職志，以「無所謂的諷刺」、「肯定的諷刺」、「形上的諷刺」作為表達他對美學情感的方式。物體藝術從杜象開始，就藉著客體世界的形狀反映主體世界的情狀。物體藝術成為一種媒介，它的藝術思維扣緊人類文化，網羅社會、政治、經濟等層面，是人類歷史的實體紀錄。

物體藝術建立了二十世紀通俗藝術的風格，卻也帶來前所未有的藝術危機意識。用「遠離藝術」的態度擁抱藝術，這種「熱愛」方式不太能為人所接受。一直到半個世紀以後，物體藝術的地位才漸漸組織化、明確化。從達達主義、超現實主義、新超現實主義、新寫實主義、普普等藝術，物體藝術之火照亮了整個二十世紀。伴隨著戰爭、科技、工業化、資訊化的起落，物體藝術的材質——物體自身也隨著生活的內容與步調不斷地改變。但人們對藝術裡的物體和物體執著，從遠古到今，卻一直沒有中斷過。只要人類對精神層次的需求還存在，藝術就能夠一直存在。

二、反藝術

1. 美學的造反——達達主義

　　「當你在畫廊裡看畫，或是在音樂廳裡觀賞演出時，在賞心悅目之餘，是否不免要有點自重起來，似乎連咳個嗽、說句話都跟平常不一樣了呢？或者，你是否有過這樣的經驗，當人家問你對某些藝術品的意見時，你趕忙搖搖手說：『噢！不！這我一點也不懂。』藝術這玩意兒在你心中是否正是這

樣一個既精緻又高雅，既自傲又自卑的印象呢？果真如此，那你可大錯特錯了。對於達達主義者來說，這正是他們嫉之如仇，不去不快的愚昧偏見。」（王碧華，1987）

　　經由王碧華揭露這個對藝術行之久遠的成見的同時，不難想像達達傳達的意念，企圖為何。達達藝術創作的原理「是在追求完全的解放及自由創作，而表現出來的形式則是一種自發性的隨機組合。」（Has T. Kleinschmidt, 1979）且常有意想不到的效果。這種有別於藝術傳統的創作，從1915年的蘇黎士開始，點燃了藝術的自由之火，這股熱潮直到1922年左右才漸趨式微。達達對藝術所做的嘲諷與挑戰，使得傳統遭遇空前的破壞，但也拉近了藝術與大眾的距離。在對傳統的支解上，達達功不可沒，但是達達是否只有破壞而沒有建設呢？古典藝術的式微同時也是藝術神祕面紗卸下之時，當它與我們的空間不是那麼遙遠時，所有的距離便可以更趨平等。這是達達在政治上、社會上訴求的另一個涵義，同樣出於對藝術批評的態度，這種態度打通了階級間文化的隔閡，通俗藝術是大家共有共享、自由創作的，非少數人獨佔或孤芳自賞之用。由羅茨勒（Willy Rotzler）的說明更可瞭解達達的執著：「達達不只反對社會的秩序，疲乏的機械主義，它的欺騙、無信和罪惡，達達更反對僵硬的藝術形式，反對在文化模式裡藝術觀眾的拘泥。」（1991）藝術既然是文化的風向球，達達把矛頭對向大社會，不啻宣告這長久以來道德的虛假、人性的麻木，以及墮落腐敗的世界秩序。然而達達眼中荒蕪的沙漠，反諷地，竟是布爾喬亞心目中的綠洲，在此不妨引證1919年達達在柏林提出的口號：「達達是站

在革命無產階級的陣線。達達終於開啟了你的腦袋，還它自由，好滿足我們這個時代的需求。打倒藝術！打倒中產階級的唯識主義！藝術已死！……達達是中產階級的催命符。」（Edouard Roditi, 1959）

達達對傳統藝術的唾棄和對中產階級的唾棄如出一轍。達達要求拆除藝術界線，同時也拆除了階級界線。因為他們深諳藝術的定位源於中產階級的品味，要創造無產階級的社會，必得剷除這根深蒂固的中產階級傳統。所以達達雖然是一種「反藝術」（杜象語），其實其象徵和作用莫不以狂暴的幽默激勵著造反，以辛辣的嘲諷鼓動著抗拒，大剌剌掀掉中產階級虛偽的矜持，造成「布爾喬亞的象徵與隱喻之『墜落』」（馬庫色語）。如果「革命必須同時是一種知覺的革命」（馬庫色語），達達這種反藝術帶起的美學革命，在革命之初看起來是失敗的。簡單地說，就是反藝術的激進並沒有改變這個系統，它反而被這個系統所吞沒。例如為了傳播自由而設計的海報，為了反抄襲而購置實際的實物簽名以示「藝術品」等，卻都淪為「典藏家」的對象。包括杜象在內，也對布爾喬亞這法力無邊的商業文化的物體崇拜頗感無奈。布爾喬亞非但不受制於達達無產階級式的挑釁，反而不動聲色地將其反制。在第一階段，藝術被馴化是革命過程中最深沉的悲哀。

但達達在**拼貼**及新材質的成功運用方面，不可否認地補償了它在政治挑戰上的挫折。拼貼的精神就是達達的精神，達達使拼貼「不再狹義地指數種不同材料的湊和，它的廣義

延伸到思想、行為和環境的結合，它對二十世紀的藝術有革命性的影響，使創作者從觀念和技術的束縛裡解脫出來，感覺最大的自由。」（吳瑪悧，1991）另外，達達用新的材料吶喊出自由的呼聲，迴音震醒這個不斷物質化、非人化的世界。「廢物的喊叫」——看起來似乎是可笑地，卑微地討喜，可是它們仍然能夠不容中斷地直言不諱。把沒有意義的本質幻化為有意義的存在，這種「空間生長」，無異是文化再現的變形，也是藝術與生活的結合，亦即通俗文化解構又重構義涵的震懾人心之處。

2. 平民藝術──普普

普普為 Popular Art 的簡稱，發跡於英國，茁壯於美國，是一種「經由大眾傳播媒體如廣告設計、海報及電影院外的招牌等題材所創造出來一種的『大眾化』或『商業』藝術。」（張浣梅，1987）也是一種「巨大的、無聊的、生澀的美國式陳腔濫調所產生的美國現象。」（Lucy R. Lippard, 1991）在美國，普普是十分混雜的，它是抽象主義壟斷期間的產物。容易被誤解的是，以為普普是一種草根性運動；以本土性來看，它並不算是本土主義之復辟，以國際性而言，它也不是一種融合各種國際風格的運動。整體說來，普普藝術體現各式意念的方式是不太受地域性侷限的，而較被「一種普及性所決定，這種普及性是以肯定而非否定的態度去接近當時的世界。」但個別視之，則「普普的風格只不過是從事個人藝

術表現的一種方式而已，這種個人藝術表現很少有普遍流行的樣式。」（Lucy R. Lippard, 1991）普普出現帶來的突兀莫過於心靈和視覺間的不協調，引爆「國王新衣」的爭論。

關於「國王新衣在哪裡」的質疑，必須先討論普普使用引人爭議的技法：挪用（appropriation），「挪用就是借用。藉著利用先前存在於其他脈絡裡——藝術史、廣告、媒體的圖像——並且將這些圖像混合在一起，成為一個新的意象。」（Atkins, 1990: 42）通常是「以複製的方式，把古典整個借用過來……，目的是在轉變身分（The conversion of an identity），把『過去』轉換到一個新的境界之中……掌握傳統的方式，是先將傳統連根拔起，然後將之轉換成『現在式』。」（Steven Henry Madoff, 1989）其實有些被借用的，並不全然是過去的風格，有的是現在的影像，甚至就連影像本身，也有的是再製成複製品，經由這種「將原有的意義空置、轉置、抽取別除原有的權威性以及迴響，以致支離瑣碎、難解晦澀，這種不完美、不完整，避免觀者獲得一目瞭然的直率解答而採用迂迴假藉的表達方式，卻正是他（她）們刻意要述說的內容。」（陸蓉之，1990：54）

「挪用」因此毫不客氣地支解堅固的歷史架構，卻硬要觀眾從這大刀闊斧之後的碎片解讀出意義。目瞪口呆的藝評家望著所謂的「國王的新衣」，眼前浮現的盡是一片泛濫凌亂的「似曾相識」，怎麼不讓他們對這種直接借用歷史，「剽竊」影像的舉動泛起藝術家應對觀念架構負責的指責？但是他們更不能理解的是「只要一經重複、一條線便不再是原來

那條線，圓圈的圓心也不再是原來的那個了。」（德希達語）以及意象可以有「選擇自己『時代』的自由，不受各種表面的束縛，可以任意突變，不斷改換自己存在的類別，單是其外型外貌，便擁有巨大無比的能力。」（Steven Henry Madoff, 1989）藝評家真正抗拒的，除了被冒犯的對藝術史的認知外，無非是無法忍受「俗不可耐的魅力」對「專業」的威脅吧！其實，這些問題難道是普普藝術對通俗文化全然地同體同步之錯嗎？

嚴格說來，如果沒有挪用，普普不會遭受那麼大的責難，但是相對地，普普也不可能在藝術界聲名大噪。它的正面評價是建立在勇敢地為藝術與非藝術之間劃上等號的狂妄之舉。在這當兒，普普雖對現世持肯定的態度，卻也有不能忽略的諷刺內涵，正如同欣賞普普的觀眾並不意味對普普全然的認同。據黎帕德（Lucy R. Lippard）的看法，普普的諷刺性似乎大部分依賴觀眾的反應，而很少是畫家的意願。但無論如何，普普藝術也是「一群藝術家十分專注地意識到需要轉變固有價值」（Alan Solomon, 1963），所以其畫作中理所當然倒映畫家意識的影子。普普藝術中有一股很強的理念是為表現對感受性的輕蔑，打倒現代主義「符象」規範，長久以來，現代主義獨佔「絕對」和最終的真理，普普要嘲諷的正是這股詹明信所稱的「烏托邦色彩」（1989）。於是普普採用的策略是：運用自身固有的侷限性超越結構的侷限性，從文化藝術的表達中蛻化成自我批評，由無動於衷的實物裝置中聽到一聲尖銳的怒吼，其手法往往是出其不意地，其效果卻常常能夠直指人心。被戲稱為「垃圾文化」的普普呈顯出最「高

級」的「藝術」義涵，不正是普普對文化所做的最大反諷嗎（Willy Rotzler）？

從藝術與文化關係思考，普普與達達之間有許多對立與關聯的地方。達達反對價值的建立，它錯置、否定、冷嘲人類的邏輯與經驗，使二十世紀走上美學的新歷程，並影響二十世紀以來的藝術流變；而普普「通俗意象的出現是全部美國人所共享的經驗」（Lucy R. Lipparad, 1990）。所以其精神基本上是樂觀的、肯定的，它由低調、低姿態的訴求中贏得極大化的個人情感的反應空間。二者雖然一正一反，但是其去藝術性的目的相同、共享藝術普及化的理念、同樣可定位於物體藝術，都使材質「復活」，並產生聽覺效果，成為不可多得的「說畫」。

二十世紀以來，通俗藝術的表現成為藝術中最淺易與人溝通的符號。它是否象徵著文化貧瘠，或是暗示著現代人對速食文化的需求，抑或它已感知社會變革的氣息，悄悄帶動時代的轉型、還是它有更深層的象徵意義？

三、販賣文化

通俗藝術對精緻藝術的反撲成功，意謂著在資本主義自由貿易的時代，交易對象的範圍更為擴大。這不只是單純藝

術商品化的義涵。藝術商品化只是藝術的價值不是由藝術品的精神、智性或情緒內涵來界定，而是經由其經濟價值來界定。如果揚棄「風格上的對抗意識」，走向「久已被忽略的社會大眾的需要」的通俗藝術，最終還是淪為少數階級的專利品，無法發揮它通俗性的實踐，待價而沽的通俗藝術品其實不啻替無產階級狠狠地掌刮了資本家的顏面。

　　資本主義社會中，資本家經由對工人的剝削，產品銷售後的獲利，已賺取了相當雄厚的資本。資本家憑藉這些資本可以極大化其炫耀性的消費，增加其私有財。由「現成物」製成的通俗藝術的原料與成品，原是上層階級高級文化中向來的垃圾物。弔詭的是經由其一手經銷的資本主義經濟體系回到他們的手裡後卻沾沾自喜地珍藏起來，這豈不是無產階級反諷資本家的最佳寫照？其實，資本家購買到的是一幅被愚弄的自我畫像，通俗藝術販賣的也不是它的本質，而是它的存在，它的文化，它活生生的文化。

　　英國哲學家兼史學家柯林伍德（R. G. Collingwood, 1889-1943）曾說過：**藝術必定是預言性的，藝術家必定是預言性的**。這並不是說他能告訴人們什麼事情會發生，而是說，他冒著使他的聽眾不愉快的危險，而說出了他們心中的祕密。身為一個藝術家，他的職責在於完完全全地說出心中的祕密。但他所要說的，如藝術裡之個人主義所說的，並不是他自己的祕密，身為團體的代言人，他必須說的祕密乃是該團體的祕密。社會（尤其是上層階級）接受了通俗藝術，不見得是想要知道他們自己心中的祕密。通俗藝術說話的能力和方式

是上層階級始料未及的。所以上層階級並不曉得自己已捲入這一場「說書」的布局中，關於這點必得先談談通俗藝術的理念。當初杜象所揭櫫的藝術理念就是：任何事物都可以被做成藝術品。在這無處不是無時不宜的「藝術世界」裡，消費者未嘗不也是一件「現成物」呢？

當初「現成物」理念的核心是為了把現成的物品轉化為藝術品之後，可以「摧毀一般人想取得藝術品的動機，因為任何人都可輕而易舉地取得這個東西。」（Suzi Gablik, 1991）這種藝術史上史無前例的逆轉行動卻在資本主義社會僵化的交易制度中犧牲掉了。藝評家哈諾得‧羅森堡（Harold Rosenberg）曾稱呼令我們感到不自在的現代藝術為「焦慮的對象」。但是對於資本家而言，物品的商業性比藝術性來得重要得多，通俗藝術的顛覆性就此淹沒在資本主義體系中，因此它不免帶有階級色彩。繼起的藝術家為了避免此趨勢，便傾向以交談、討論、以及語言和文化分析的模式進行所謂「觀念藝術」（1960 年代末期在紐約和歐洲興起）的創作。例如約瑟夫‧史士（Joseph Kosuth）主張藝術應該和純粹的科學和哲學一樣完全自給自足，不應該依賴觀眾，也不應具有商品或投資價值，其邏輯正與普普首席藝術家安迪‧沃荷（Andy Warhol）使用絹印讓真品和複製品之間沒有區別一樣，都是為了剝奪藝術品的象徵性，否定收藏的動機和可能性。因此通俗藝術為了抵抗資本主義體系的收購，不得不越朝向觀念藝術的方向發展。而範圍益形擴大的觀念藝術，其「現成物」的靈活運用，通俗藝術更可理直氣壯地高掛販賣文化（無處不是、無時不宜）的旗幟。

四、後現代藝術

　　陸梅克曾說 1920 年以前的現代藝術就是二十世紀藝術的全貌（Rookmaaker, 1985: 113）。自此以後藝術界幾乎再無任何新鮮事發生，其新精神卻一直向外擴張，以致影響整個現代人的生活方式與心態。但是已被一般人（相對於少數藝術家及其觀眾）接受的現代藝術並不代表現代藝術所反映的時代危機和荒謬為人所瞭解。現代藝術的翹楚所揭開的一連串反對主義的盛行，讓通俗藝術走入大眾。大眾認同了前衛之同時，現代藝術也不知不覺轉變為舊式人文主義傳統中一種新的「正統」藝術。所以其「反抗」精神中對「現代」的觀感可說是錯綜複雜的。因為在對所有價值原則，所有處置方法都以否定來解決的懷疑聲浪下，最終被推翻的對象不免會輪到它自己（反藝術）及其機制（現代主義）──一個孕育反對自身的胎盤，於是出現的弔詭便是：脫胎自否定性的現代主義之反藝術極可能一手否定（終結）了現代主義。至此才驚覺反藝術的對策竟是不能用現代主義來因應的。

　　荷蘭的宗教現象學家凡德留（G. van der Leeuw）對「神」的認定如下：每個東西都可能是神，只要你認為它是，它就是。現在有人認為把這句話應用到藝術上似乎更為恰當，「每個東西都可能是藝術，只要你認為它是，它就是」。「反藝術」掀起的狂瀾，到了二十世紀盡頭，我們終於嚐到藝術被淹沒的滋味。傳統已被根除，權威也已扯落，故舊既不存在，創新也成為多餘的。那麼，通俗藝術是否能一直走下去呢？

伽波里克（Suzi Gablik）曾說：「**真正的前衛藝術需要有一個反對的目標才能存在。**」（1991）麥克因堤爾也曾提過：「一個社會若缺乏對美善的一致概念，也就無所謂美善的存在了。」反觀「反藝術」蛻變成通俗藝術後，儼然成為二十世紀文化解放的典型象徵，卻也因為被批判的對象消失，以致發展的根基不曉得立足何方。但是相對地，藝術大眾化之後，美學領域被資本和資本邏輯滲入，文化也將有不同的涵義。因此，可以這麼說，通俗藝術的出路要從文化義涵的轉變上思索。

首先是文化的擴張。**詹明信認為後現代主義的文化是無所不包的，也就是各領域彼此之間，領域自身之內的距離都漸漸消弭。**這種撤走欄界之後最直接的影響莫過於文化完全公有化，所以我們可輕易地看到諸如「燻肉」、「萵苣」、「蕃茄」的模擬組合可以構成一幅作品「燻肉、萵苣、蕃茄」（克雷斯·歐登伯格，1963），或是「國旗」、「國旗」、還是「國旗」，重疊在一起的「三面旗」（傑斯普·瓊斯，1958），如果現代主義不能說是結束，但這種文化現象不是現代主義所能夠自圓其說的。這些「非」現代主義的現象，似乎真應驗了所謂「後現代主義」的預言。因此有必要對「後現代主義」的概念做一基本探討。

關於「後現代主義是什麼」的共識似乎一直遠不及對「後現代主義尚未有共識」來得有共識（Michael Kohler, 1997: 16）。「後現代主義」這個名詞經由哲學家、藝術家、文化批評家、文學理論家等的引介，已經帶領文化界人士——不

論同意或不同意──對後現代主義引起一致的好奇；相反地，從其引介的角度，卻又可以看出其說法呈現罕見的不一致性。尤有甚者，許多運用「後現代」之名的文章，往往只是以標題吸引人，在內容上並沒有系統地討論；[2] 也有些作品（或作者）對後現代概念的陳述或宣稱恰是相互矛盾的；[3] 或因為二者主張互為對立而引發諸多的爭議，[4] 諸如此類的現象，徒使後現代主義的相關概念益發顯得「後現代」。這種「研究對象」模糊的困境，幾乎是企圖處理後現代議題的人普遍面臨的挑戰。若進一步探究此「挑戰」的內涵，不難發現除了後現代外貌（起源、形式、定義、時間等）的列舉困難是主因之外，還有後現代（主義）與現代（主義）之間糾結難斷的複雜關係之處置最為棘手。對「後現代主義」一詞做追溯的研究，當推庫勒（Mickael Kohler）的〈後現代主義：其觀念發展史概論〉一文最為詳盡（Ihab Hassan, 1982: 36），該文對後現代主義的歷史溯源常是後起研究者引證的對象。[5] 庫勒認為「後現代主義」一詞最早出現在馬德里的《西班牙暨美洲西語詩選》（1822-1932）中，後來達德來·費茲（Dudley Fitts）也在其 1942 年版的《當代拉丁美洲詩選》中引用過，而當時之意旨主要是對現代主義的反動；接著湯恩比（Arnold Toynbee）的《歷史研究》（A Study of History, 1947）也用「後現代主義」的字眼，不過湯恩比是將其放在西方文明新的歷史週期上看待 ；1959、1960 年，豪文（Irving Howe）和萊文（Harry Levin）是用文學批評的觀點進行對後現代主義的討論，當時的關懷點是在現代主義──悲悼現代主義的式微，因而帶著鄉愁般心情眷戀似乎較為豐裕的過去（Andreas

Huyssen, 1984: 356）；到了 1960 年代以後，紐約由於一批年輕的藝術家、作家和批評家相繼引用，諸如羅欣伯格（Rauschenberg）、凱吉（Cage）、費德勒（Feidler）、哈山、宋塔格（Sontag）等，後現代主義的概念便逐漸流行，他們大約是把後現代主義視為是一種超越「已耗竭的」現代主義的運動（Mike Featherstone, 1991: 7）。

　　對後現代主義概念有了初步的瞭解之後，再回頭來看反藝術與現代主義之間的矛盾──反藝術不容於自己，或許能為二者找到一個湊合點，就如李歐塔所說的：「**後現代主義並非僅僅是權威者所御用的工具，它更粹煉我們對於差異的感受性以及加強我們的包容力。**」（Lyotard, 1984）**無法用一個放諸四海的單一標準來解釋並統合一切，大概是後現代主義文化最貼切的寫照了。**這個新時代，由最敏感的藝術領域帶起的文化大轉變，是否就是現代主義的終結呢？且讓我們拭目以待未來進一步的發展吧！

2　*Ingeborg Hoesterey*（1991）也曾提過此種聳動取巧的現象。

3　如貝瑞・夏保特（C. Barry Chabot, 1991: 27）比較維德（Wilde）、哈山（Hassan）與克林可威治（Klinkwitz）三者界定後現代主義時的矛盾。

4　如當那保倫（Dona Polan, 1990: 40）提到各家論述後現代建築時互控的場面。

5　如哈山（Ihab Hassan, 1982: 23）、費瑟史東（Mike Featherstone, 1991: 7）、伯頓斯（Hans Bertons, 1992: 11）等諸例即是。

結語

　　通俗藝術是否具商品性格，其實與藝術是為個人服務或是為社會服務無關。二十世紀後期開始，現代主義藝術家即致力於扭轉藝術與社會互不相容的局面。當藝術擁抱群眾之後，某些藝術家卻因為需要不斷與藝術商品化的趨勢格鬥，重新走出「戶外」，回到社會邊緣，甘心做一個面對自我才能完成自我的邊際分子。這些藝術家開創出毫無節制的自我風格，反對社會所提供給他的任何角色，繼而從一切規範和限制中解放出來；但也有藝術家仍在人群中用最簡易的符號與群眾溝通，不管他們在符號中傳達的是否定或肯定的意識。

　　達達與普普即是這股通俗藝術中始與末的兩個典型代表。達達從入世中出世，有形無情，只為了要換取破壞性的觀念，其出發點乃是可怕的，雖然給予現代主義一個當頭棒喝，卻也掀起了反達達及反對「反藝術」的軒然大波；普普則在肯定商業、廣告、大眾傳播、繁榮表徵等的哄抬下，成功地運用實物符號來反對他們所認為的抽象表現主義貧乏空洞的內容。由於普普採用色彩明快，重複出現，富刺激性和吸引力的主題，再加上觀眾長久對冷酷、單調、高傲的抽象表現主義反感，所以得到心境上的認同。普普還有一個得天獨厚的條件，就是它躬逢其盛，普普對材質的偏好一直和科技主導這個時代的方向是平行的。

　　通俗藝術選擇了群眾作為它們與社會溝通的方式，無奈不敵社會將其商品化的悲哀；通俗藝術打破美學傳統，掙脫

了藝術與社會脫節的界線，卻掙脫不了「藝術品」為少數人獨佔的私有制度。雖然如此，「藝術創作的自發性與個人本體的相異性，結合為生生不息的動力，每一丁點不同的成果，都深具意義並刻劃出人類文化歷史的痕跡，應該沒有是非黑白流行與否的顧忌。」（陸蓉之，1990）由通俗藝術對文化的義涵中可以透露出兩個訊息：一是任何壓倒性或霸權式的文化，只是人類的悲哀，通俗藝術的存在，不啻反擊文化定於一尊的大一統情結；另一是藝術在資本主義社會裡對抗物化的張力，由於通俗藝術「現成物」的包容性，悄然將消費者（上層階級）收買於畫作中，藝術在文化反制中的反制，應該更具有劃時代的意義。

後現代文化的
社會基礎

· 我認為「後現代性」的概念只有當它有意去抓取及表達當代社會一個重要社會範疇———知識分子———的新經驗時，才有全然屬於它本身的價值。

—— 鮑曼

· 後現代性反映了當代知識分子處於新的全球化宰制結構中的地位危機，反映了他們重新尋找自我認同的努力，反映了他們從立法者到詮釋者的角色轉變。

—— 鮑曼

· 後現代主義被視為是放棄了精英取向的、偉大的、自主的美學觀，而成為一種對於庶民生活周遭環境更為敏感的文化風格。而所謂的後現代性如果成立的話，也必須放在都市空間範圍內和一個數量逐漸膨脹的專業知識精英階層的社會基礎上來談才有意義。

鮑曼

詹明信

百貨公司是當代消費的殿堂

百貨公司是當代生活的博物館

現代與後現代

一、現代主義的衰微與後現代風格的興起

　　就在達達主義與超現實主義竄起歐洲前後，德國社會學家齊默爾（Georg Simmel）在《現代文化的衝突及其他》一書中指出：人類生活或生命從動物層次進步到精神層次再進步到文化層次必然產生矛盾，而他所謂的文化便是在這種矛盾過程中，生活或生命為了自我表現及自我實現而形成的種種形式，包括藝術作品、宗教、科學、技術、法律與其他種種。他標定了現代文化的兩個重要轉型期：首先是十七世紀英國（蘇格蘭）啟蒙運動到十八世紀末法國大革命運動中所崛起的近乎全新的文化形式；其次便是齊默爾所處的德國當代。齊默爾顯然是想強調兩個時代之間的某種連續性，他把啟蒙運動時期的理念定義為「對於個人解放、生活理性及人類朝向快樂和完美的進步的追求」，同時把德國當代情境關聯到「生活（或生命）」這一關鍵概念上，特別是生活或生命作為一種**過程**與作為一種**固定文化形式或內容**之間的關係（Simmel, 1918: 375-379）。對於當時的情況來說，這表現在後來各重要藝術流派——特別是達達主義和超現實主義——企圖打破藝術藩籬以進入生活的主張上。

　　海德格和阿多諾不約而同地採取了黑格爾藝術消亡論的觀點來理解這種現象：前者認為正是因為認識到並且道出藝術的終結這回事才完成了美學；後者則以為美學已經無可避免地成為藝術的死亡證書（Newman, 1986: 32）。上述兩種美學立場——在肯定美學的達成和美學隨藝術之死而自我否

定——似乎都宣告了現代主義藝術的窮竭，而分別成為當代有關後現代主義討論的重要理論資源。

　　紐曼（Michael Newman）認為海德格與阿多諾對黑格爾的藝術消亡論雖然有不同的詮釋，但是卻分享了黑格爾的前輩康德對藝術自主性或自律性（autonomy）的設定——美學作為品味判斷的主觀領域標示出自主個人的自由（ibid.: 32-33）。不論是超驗主體的完成、還是絕對精神辯證過程的一個要素，康德與黑格爾的美學論述都預設了某種「偉大的藝術」為其對象。一方面，在藝術與社會生活之間的界線逐漸模糊的情境之下，這種論調似乎陳義過高而失去現實意義；另一方面，當代某種極端的新康德形式主義的現代主義更是無視於藝術實踐受到的社會生活制約的事實，從而把藝術化約到（藝術）對象本身的自主性之上。

　　為了釐清後現代主義的性質及其社會基礎，紐曼對現代主義定義的修正，對我們來說是個很好的起點（ibid.: 33-35）。因為美學所宣告的藝術之死並沒有使得自主藝術的生產領域真正消失，透過康德式「偉大藝術」的自主性堅持，反而使藝術家們被隔離於以大都會為中心，工業技術為手段，跨國市場為機制的文化生產及再生產（複製）之外，而把所謂的美學自主性化約成單一領域、特定群體的有限自主。於是紐曼以表現形式、前衛運動及吸收異文化三個方面來定義現代主義的他律性（heteronomy），從而反駁前面提到的那種形式主義美學所堅持的自主性。準此，所謂的他律性是對立於「偉大藝術」的自主性而言的。

首先，現代主義乃是經由某種再現或抽象的模式而把藝術理解為現代性的表現。這種再現或抽象模式被認為具有歷史特權，因為其形式最適合揭示所謂的「時代精神」。紐曼以立體主義、未來主義、風尚畫會（*De Stijl*）等為例。在這個意義下，現代主義受制於它的表現形式。在各別的流派中，一旦特定的風格樹立，後繼者將只能在特定的表現形式典範裡進行風格模仿。

　　其次，現代主義的他律性表現在前衛主義對於美學作為一個自主領域的批判，這包含在波特萊爾象徵主義之後的所有前衛主義。**象徵主義的崛起使得藝術得以成為一種社會制度和生活方式，而各種前衛主義正是以意識到藝術作為社會制度的事實為前提的，從而執意打破其自主性。**

　　第三，現代主義的他律性表現在對西方高級文化傳統之外的各種藝術實踐的反覆吸收取用，例如初民藝術、精神病患和兒童的藝術、商業廣告或大眾傳媒圖像，或是如噴漆的次文化形式。而在它們不同的脈絡中預設著不同的意義：有的是對布爾喬亞現代性的批判、有的則試圖將布爾喬亞現代性加以吸收、有的主張原始表現的純真性（authenticity）。

　　換句話說，現代主義藝術的自主性並非不證自明的，它的自主性實際上受到各種另類藝術的挑戰及批判，同時還受制於特定時空的情境因素。這種不同的美學立場放棄以「偉大藝術」為唯一對象，從而把後現代主義或後現代文化的社會學討論排上了議程。所謂的後現代主義藝術或文化現象在這種觀點之下，早已經蘊藏於現代性的發展過程當中，

特別是表現在當代都會空間發展與社會關係的改變之中。總之，在空間上「可以理解成是對於**現代都市情境**的各種正面或負面的反應。」（Newman, 1986: 34）另外，在社會關係上，則和這種都市情境中相應的特定社會團體的興起有關（Featherstone, 1991: 43-47）。所謂的「後現代主義」如果有任何社會學意義的話，下述兩個議題就應該成為問題焦點：一種新的都市空間形態及其相應之特定社會團體的興起。在這裡，後現代主義的藝術或是後現代主義式的觀點被界定為現代主義運動在當代的流派變貌，它們的主觀關懷或客觀條件依然是現代性或現代化的問題。

二、作為文化消費中心的都市空間

　　許多關於後現代、或者被認為是後現代的討論雖然對於當代都市發展採取了不同的詮釋角度，但是他們大致上都同意**都市消費文化**的興起在當代全球社會發展中的重要性。在此，建築作為「偉大藝術」的一支，對於形塑都市空間起著絕大的作用（Baudrillard, 1983; Cooke, 1988; Featherstone, 1991: 98-105; Jameson, 1991: 32-54; Zukin, 1988）。

　　詹明信借用曼德爾（Ernest Mandel）對資本主義的歷史分期，把我們所處的當代視為 1940 年代第三次資本主義技術

革命以來的**晚期資本主義，而後現代主義則是與這種技術變遷平行發展的文化邏輯**（Jameson, ibid.: 35）；魯金（Zukin）在討論都市形式的發展時把後現代化視為一種過程，這種過程指涉結構方面與制度方面的兩極性：結構兩極性表現在全球市場與本土之間的張力，他指出全球投資、生產與消費的國際化對於都市形式的影響——投資集中、生產分散與消費的標準化；在制度方面是私人空間與公共空間的兩極性張力，公共空間的私人使用將是都市形式後現代化的一個趨勢（Zukin, ibid.: 435-436）。

魯金所謂的結構的兩極性與詹明信的看法毋寧是一致的，他們都強調資本主義邏輯在當代的徹底發展；然而在制度的兩極性這一點上，似乎與詹明信對現代與後現代都市建築空間形式的比較性分析有所不同。詹明信以著名的後現代建築師波特曼（Portman）的作品波拿凡丘旅館（Bonaventure Hotel）為例，說明後現代都市建築空間的自足性、將現代都市摒棄在它的門牆之外的特性（ibid.: 39-41），魯金卻斷言後現代都市空間中公／私空間界線將逐漸模糊。前者靜態地描寫現代都市中的後現代建築與都市空間之間的關係性質，後者卻進一步預言了後現代都市空間的擴散——用魯金自己的話來說，就是都市空間的「後現代化」。

不論上述兩種都市空間形式的論點的差異有多大，他們和許多其他論者的觀點一致指向**都市空間的消費性格**上。百貨公司與博物館的共生體、跨國公司的速食連鎖店或咖啡連鎖店、風格化的咖啡屋、茶藝館和餐廳等等，都成為後現代

都市空間裡的主要消費據點。

　　特別是關於博物館與百貨公司的分析，幾乎是討論都市空間變化眾所一致的焦點。博物館裡的高級藝術的複製品交易越來越頻繁及制度化，而百貨公司和超級市場則不折不扣地成了當代社會生活的博物館了。當然這只是從藝術品或日常用品加速商品化的角度來看這兩種據點，在這之外還涉及這些層出不窮的空間設計對於當代都市生活經驗的形塑。

　　很顯然，逛街購物很少是為了效用極大化的純理性計算的經濟交換活動，而主要是一種休閒的文化活動。在這種活動中，人們成了許多涵藏著奢侈品、涵藏著勾引人們對遠方異國情調的渴望、涵藏著已成過去的和諧情感的鄉愁。總而言之，逛街購物變成了一種現代體驗（Featherstone, 1991: 103）。

三、文化資本與新階級

　　1970 年代後期，史達林去世後東歐人心思變，而西歐及美國學生運動方興未艾的時候，社會學家顧德諾（Alvin Gouldner）提出了他膾炙人口的「新階級論」。所謂新階級論最早可以溯及無政府主義者對於社會主義運動的批判，其後有共黨國家修正主義者對當權派之批判版本的新階級論（吉

拉斯的《新階級》堪為代表），還有美國新保守主義者式的新階級論。若依史仁尼（Szelenyi）等對新階級論取向的三種區分——強調行動者、強調結構制度的以及強調知識能力或文化——顧德諾（1979）便是以知識分子作為「文化資產階級」及其特有的語言文化來證明一個新階級的崛起（Szelenyi and Martin, 1988）。他們儲備、積累大量的文化資本，並且藉由強調形式規則的語言文化建立權力基礎。顧德諾似乎認為他泛稱的新階級（包括人文知識分子與技術知識分子兩大類屬）的階級屬性不再以家世背景為主要的變項，而更加受到現代正式教育制度及其中所流通的文化的影響。

顧德諾對語言文化的強調呼應著歐陸結構／後結構的語言學取向。我們可以說，相應於當時知識青年的文化抗爭運動，歐美知識分子進入一股文化反省的潮流。正式教育制度、知識分子與專業科層化等問題，在 1960 年代末 1970 年代初以來成為重要的學術議題。而這些議題可以視為對現代性與社會現代化的一波謀求出路的檢討與質疑。在這個意義上，它是後現代的。誠如鮑曼（Bauman）所宣稱的「**我認為『後現代性』的概念只有當它有意去抓取及表達當代社會一個重要社會範疇——知識分子——的新經驗時，才有全然屬於它本身的價值。**」（1988: 217）他們的新經驗就是重估他們在社會中的位置、轉變集體扮演的功能以及他們的新策略。鮑曼以為通常與後工業、後資本主義等概念並列的所謂的「後現代（性）」並不像前二者那樣有清楚的指涉，而似乎只是知識圈內又一次重複疲憊的論爭。因而他提出了一個中肯的論點：**後現代性反映了當代知識分子處於新的全球化宰制結**

構中的地位危機，反映了他們重新尋找自我認同的努力，反映了他們從立法者到詮釋者的角色轉變（1988: 218-219; 1987: 110-148）。

　　然而將知識分子作為一個整體來討論時，必須承認其內部存在著許多異質類屬。例如因為學術分工造成他們專業之間的差異；另外，以學術研究為志業而長期留在校園內的知識分子和進入其他社會組織（特別是工商組織或政府部門）的知識分子之間也有不同的命運。有人把 1960、1970 年代的青年知識分子（學生）運動解釋為就業市場對戰後嬰兒潮成年之後不堪負荷的暫時後果，這同時是顧德諾對新階級必將奪權、從而改變階級關係的樂觀分析的主要背景。拉森的歷史研究便指出現代專業的自主性是虛幻的，知識專業受制於現代科層制的不平等層級，而且助長並再生產主流意識形態的宰制。這似乎使得顧德諾分析的有效性相當程度侷限於他所謂的人文知識分子（Larson, 1977）；鮑曼的確注意到支配結構的形勢比人強並以此為其分析前提，但他毋寧是已經把分析對象限制在顧德諾的人文知識分子的範疇，由此他所謂的後現代性也就只在一種關於（人文）知識分子的社會學之上才能成立、才有意義。

　　相反地，我們認為學校作為專業養成及區分化的場所對一個階層或社會團體的形成不應被忽視，其重要性應該和以家庭制度為起源背景的階層或社會團體相提並論。尤其在我們討論後現代性時，我們更不應該忽視以學校為主要養成場所的專業知識精英的作用，他們的需要改變了前述的都市景

觀，同時促進了消費文化的興替。

這吸引了企業、政治與流行等領域的異質性新精英，從而構成了一個國際性的上層階級（Zukin, 1988: 439）。

結語

上面我們把後現代主義當作一種文化風格，討論了它跟現代主義文化之間的關係。**後現代主義被視為是放棄了精英取向的、偉大的、自主的美學觀，而成為一種對於庶民生活周遭環境更為敏感的文化風格。而所謂的後現代性如果成立的話，也應該放在都市空間範圍內和一個數量逐漸膨脹的專業知識精英階層的社會基礎上來談才有意義**。換句話說，這是一種有限的後現代性。因為這後現代性的現實和論述並未完全取代現代性的城鄉矛盾與舊式階級衝突的現實和論述的重要性。

然而，這種以都市為中心、具有越來越強烈的空間意識，並且以知識精英為其主要行動者的文化風格的影響力正在擴大之中。

結論

· 心靈修養在希臘羅馬哲學中可以看得最為清楚。例如斯多葛學派就明白宣稱:對他們而言,哲學是一種實踐。在他們眼裡,哲學不在於抽象理論的教導——更別說是經典的註釋了——而在於一種生活藝術。……哲學行動不僅是在認知層次上,而且是在自我層次上以及存在層次上。

——哈道特

· 倫理學不是一個個人「存在的領域」。與「他者」的接觸,為我們帶來最先的感覺;透過「他者」的感覺,我們找到所有其他事物。倫理學是一種最為關鍵的感覺。

——列維納斯

· *What we cannot speak about we must pass over in silence.*

—— Wittgenstein

卡拉，《自由文字繪畫——愛國的慶祝》，1914

安涅可夫，《構成》，1919

當代日常生活充滿拼貼的例子

後現代蘊涵一種焦慮不安、沒方向、迷惑等感覺。畢竟它只是「後──現代」（post-modernity）或「現代之後」而已，不知道朝什麼方向、什麼目標前進。「沒有人宣稱這是一個好術語。畢竟，它除了表示支持此一潮流的人認為『現代主義』已經過去，什麼也沒說。」（Gombrich, 1997: 618）有時甚至無法確定現代主義是否已經終結了。

　　誠如哈伯馬斯所說的，後現代經常表現為**反現代**（anti-modernity），即對現代性的一種「批判」、「解構」、「顛覆」。故常（被視為）與相對主義、懷疑主義、虛無主義為伍。

　　隨著布希亞所謂的「擬像社會」的來臨，所謂「再現的危機」已經常態化了，擬像社會不能再用傳統認識範疇「存在／思想」、「實在／再現」來分析了，而需要用**符號學**來分析，當代社會文化充滿了沒有所指的指符、流動的指符、自我指涉的指符，指符至上。布希亞的擬像說對再現論施以致命的一擊，然而布希亞實際上只是借力使力，藉詮釋當代的影像文化來終結危機已久的再現論。他只是預告夜晚即將來臨的夜鶯而已。所以在此最具批判性、顛覆性的還是社會現實本身。

　　後現代經常表現為一種**拼貼**，把不同時代、社會、文化中的東西，從它們所在的脈絡中抓出來，重新加以組合（不是融合）。古今中外大拼盤，令人有時空錯置之感。

　　紐約的種族、文化情境頗有後現代拼盤，以及多元文化主義的意味。各個種族如華人、義大利人、西班牙人、韓國人、日本人、黑人、猶太人、東歐人等等，連同其語言文化，

在紐約市各據一方。到法拉盛區（Flushing），可以吃燒餅油條、臺灣小吃、看中文書報，好像生活在臺灣一樣。紐約好像是一個種族的大拼盤、文化的大拼盤，而不是民族大熔爐。

後現代和新社會運動關係密切。**新社會運動**乃現代社會中弱勢族群建構其身分認同，爭取其地位及權利的行動。這些都是邊緣的、弱勢的聲音，對中心霸權的批判、討伐。新社會運動的目標與後現代的邏輯是一致的。

從這個角度來看，後現代主義不必然和（認知的、道德的）相對主義、虛無主義關聯在一起，如一些人所指責的。知識論上的相對主義蘊涵一種靜態的真理觀，然而後現代除了理論上的解構及顛覆之外，還要有實踐上的介入或干預，為了讓弱勢的聲音、邊緣的聲音能被聽得更清楚，以便能和強勢的聲音、核心的聲音溝通、對話。

所以後現代蘊涵的**多元主義**（多元文化主義）不僅是靜態的拼貼或拼盤，而是多元之間必須要有良性的交感互動。這在個人層次上，要求一種心態以及為達到此心態的**修養歷程**，即對多元差異的寬容及欣賞。這逼出了個人自我實踐的需要。

不管出於什麼原因，傅柯晚年回歸古希臘羅馬，探討「自我實踐」和「形塑自我」的問題，我覺得饒富趣味。一位致力於研究制度及權力的思想家晚年回到古希臘羅馬有關「修身」或「修養」的文獻。這和法國當代的古希臘羅馬專家哈道特基於畢生研究而提出「心靈修養」（spiritual exercises）的觀念有異曲同工之妙（雖然誠如哈道特所指出，二者也有

差異存在）（Hadot, 1995: Chs. 3&7）。二者都試圖探尋湮沒已久的古道，為現代人的精神生活提供一個指引。此一思想轉向一方面開創了「哲學作為一種生活方式或生活藝術」（philosophy as a way of life or an art of living）的思潮，另一方面也為後現代主義開拓了一個新的可能性，我戲稱之為「後後現代主義」（Post-Postmodernism）。

我在討論紀登斯時就指出了**當代社會理論的倫理學轉向**。紀登斯提出的「生活政治」的觀念，就是在全球化及後傳統秩序的脈絡中探討「我們應該如何生活？」的倫理學問題；哈伯馬斯提出了「理性討論的倫理學」（discourse ethics），將社會溝通理論歸結於此。無怪乎越來越多的人注意到列維納斯（Emmanuel Lévinas, 1905-1995）關注「人際性」或與他人關係的倫理學。鮑曼在他的《後現代倫理學》（*Postmodern Ethics*, 1993）一書也很重視列維納斯的思想。從這樣的脈絡來看，傅柯轉向自我實踐的倫理學，乃至哈道特的古典哲學研究受到矚目就不足為奇了。

有人說後現代不可界定、不可捉摸，甚至不可表達，雖然稍嫌誇張，不過也透露了一點值得注意的訊息。這可能意味著到目前為止，我們還無法掌握社會文化未來的動向。如果是這樣的話，或許應該遵照先哲的教誨保持**緘默**吧！

參考書目

Appignanesi, Lisa, ed.

1986. *ICA Documents 4&5*. London: Institution of Contemporary Art.

Aron, Raymond

1967. *Main Currents in Sociological Thought*, Vol. 1. New York: Anchor Books.

1968. *Main Currents in Sociological Thought*, Vol. 2. New York: Anchor Books.

Asante, Molefi Kete

1988. *Afrocentricity*. New Jersey: Africa World Press.

1987. *The Afrocentric Idea*. Philadephia: Temple University Press.

Atkins, Robert

1990. *Art Speak*. New York: Abbeville Press.

Baudrillard, Jean

1975. *The Mirror of Production*. St. Louis: Telos.

1981a. *For a Critique of the Political Economy of the Sign*. St. Louis: Telos.

1981b. "Fatality or Reversible Imminence: Beyond the Uncertainty Principle." *Social Research*, Vol. 49, No. 2, pp. 272-293.

1983a. *Simulations*. New York: Semiotexte.

1983b. *In the Shadow of the Silent Majorities*. New York: Semiotexte.

1983c. "The Ecstasy of Communication." Pp. 33-35 in *The Anti-Aesthetic: Essays on Postmodern Culture*, edited by Hal Foster. Wash.: Bay Press.

1984/1985. "Intellectuals Commitment and Political Power: An Interview with Jean Baudrillard." *Thesis Eleven*, No. 10/11, pp. 166-174.

1987a. *Forget Foucault*. New York: Semiotexte.

1987b. *The Ecstasy of Communication*. New York: Semiotexte.

1988. *Jean Baudrillard: Selected Writings*, edited by Mark Poster. California: Stanford University.

1990a. *Seduction*. New York: St. Martin's Press.

1990b. *Fatal Strategies*. New York: Semiotexte.

1993. *Symbolic Exchange and Death*. London: Sage Publications.

Bauman, Zygmunt

1987. *Legislators and Interpreters*. Ithaca: Cornell University Press.

1988. "Is There a Postmodern Sociology?" *Theory, Culture & Society*, Vol. 5, pp. 217-237.

1994. *Postmodern Ethics*. Oxford: Balckwell.

Beck, Ulrich

1992a. "From Industrial Society to the Risky Society: Question of Survival, Social Structure and Ecological Enlightenment." *Theory, Culture & Society*, Vol. 9, pp. 97-123.

1992b. "How Modern Is Modern Society." *Theory, Culture & Society*, Vol. 9, pp. 163-169.

1992c. *Risk Society*. London: Sage Publications.

Beck, Ulrich et al.

1994. *Reflexive Modernization*. Cambridge: Polity Press.

Berger, Peter et al.

1974. *The Homeless Mind*. Penguin Book.

Berman, Marshall

1983. *All That Is Solid Melts into Air*. London: Verso.

Bernstein, Richard J.

1985. *Habermas and Modernity*. London: Polity Press.

1991. *The New Constellation: The Ethical-Political Horizons of Modernity / Postmodernity*. London: Polity Press.

Best, Steven and Douglas Kellner

1991. *Postmodern Theory: Critical Interrogations*. London: Macmillan.

Betz, Hans-Georg

    1992. "Postmodernism and the New Middle Class." *Theory, Culture & Society*, Vol. 9, pp. 93-114.

Black, J.

    1990. *Eighteenth Century Europe 1700-1789*. London: Macmillan.

Boime, Albert

    1990. *The Art of Exclusion*. London: Thames and Hudson Ltd.

Bourdieu, Pierre

    1984. [1979] *Distinction: A Social Critique of the Judgement of Taste*. London : Routledge & Kegan Paul.

    1990. "Social Space and Symbolic Power." Ch.7 in *In Other Words*, edited by Pierre Bourdieu. Cambridge: Polity Press.

Bove, Paul A.

    1990. "Power and Freedom: Opposition and the Humanities." *October*, No. 53, pp. 78-92.

Callinicos, Alex

    1990. *Against Postmodernism: A Marxist Critique*. New York: St. Martin's Press.

Cassell, Philip

    1993. *The Giddens Reader*. London: Macmillan Press Ltd.

Chabot, Barry C.

    1991. "The Problem of the Postmodern." In *Zeitgeist in Babel*, edited by Ingeborg Haestereyeds. Bloomington: Indiana

University Press.

Connor, Steven

1989. *Postmodernist Culture: An Introduction to Theories of the Contemporary*. New York: Basil Blackwell.

Cooke, Philip

1988. "Modernity, Postmodernity and the City." *Theory, Culture & Society*, Vol. 5, pp. 195-215.

Crook, Stephen

1990. "The End of Radical Social Theory?" In *Postmodernism and Society*, edited by Roy Boyne and Ali Rattansi. London: Macmillan Education Ltd.

Deleuze, Gilles

1986. *Foucault*. Minneapolis: University of Minnesota Press.

Denzin, Norman K.

1990. "Reading Wall Street: Postmodern Contraditions in the American Social Structure." Pp. 31-44 in *Theories of Modernity & Postmodernity*, edited by Turner, Bryan. London: Sage.

Dews, Peter

1986. "From Post-Structuralism to Postmodernity: Habermas's Counter-Perspective." In *ICA Documents 4: Postmodernism*. London: ICA.

DiMaggio, Paul and Michael Useem

1978. "Cultural Property and Public Policy." *Social Research*, Vol. 45, No. 2, pp. 356-389.

Dreyfus, H. L. and P. Rabinow

  1983. *Michel Foucault : Beyond Structuralism and Hermeneutics.* Chicago: The University of Chicago Press.

Featherstone, Mike

  1988. "In Pursuit of the Postmodernism." *Theory, Culture & Society,* Vol. 5, pp. 195-215.

  1991. *Consumer Culture and Postmodernism.* London, Newbury Park, New Delhi: Sage.

Feyerabend, Paul

  1988. *Against Method.* London: New Left Books.

Flynn, Tomas R.

  1985. "Truth and Subjectivation in the Later Foucault." *The Journal of Philosophy,* Vol. 82, pp. 531-40.

Foster, Hal, ed.

  1983. *The Anti-Aesthetic: Essays on Postmodern Culture.* Washington: Bay.

Foucault, Michel

  1973. *The Order of Things.* New York: Pantheon Books.

  1980a. *Power/Knowledge.* New York: Vintage Book.

  1980b. *The History of Sexuality.* New York: Vintage.

  1983. Michel Foucault: Beyond Structuralism and Hermeneutics, edited by Dreyfus and Rabinow. Chicago: University of Chicago Press.

1984. "What is Enlightenment?" Pp. 32-50 in *The Foucault Reader*, edited by Rabinow. New York: Pontheon Books.

1985. *The Use of Pleasure*. New York: Vintage Books.

1988a. "On Power." Pp.97-109 in *Michel Foucault: Politics, Philosophy, Culture*, edited by Kritzman.

1988b. *Technologies of the Self*. Amherst: University of Massachusetts Press.

1997. *Ethics: Subjectivity and Truth*. New York: New Press.

Fraser, Nancy

1991. "Foucault on Modern Power: Empirical Insights and Normative Confusions." *Praxis International*, Vol. 1, No. 3, pp. 272-288.

Gergen, Kenneth J.

1991. *The Saturated Self: Dilemmas of Identity in Contemporary Life*. New York: Basic Books.

Giddens, Anthony

1981. "Modernism and Postmodernism." *New German Critique*, Vol. 8, No. 1, pp. 15-18. Wisconsin: University of Wisconsin-Milwaukee.

1982a. *Profiles and Critiques in Social Theory*. London: McMillan Press.

1982b. "From Marx to Nietzsche? New Conservatism, Foucault, and Problems in Contemporary Political Theory." Pp. 215-230 in *Profiles and Critiques in Social Theory*, edited by Giddens.

London: McMillan Press.

1984. *The Constitution of Society.* Cambridge: Polity Press.

1985. "Reason without Revolution? Habermas's Theorie des Kommunikativen Handelns." In *Habermas and Modernity*, edited by Richard J. Bernstein. London: Polity Press.

1987. "Structurism, Poststructurism and the Production of Culture." In *Social Theory and Modern Sociology*. Stanford: Stanford University Press.

1990. *The Condequenses of Modernity.* Canbridge: Polity Press.

1991. *Modernity and Self-Identity.* Cambridge: Polity Press.

1992. "Commentary on the Review." *Theory, Culture & Society*, Vol. 9, pp. 171-174.

1994. *Beyond Left and Right: The Future of Radical Politics.* Cambridge: Polity Press.

1998. *The Third Way: The Renewal of Social Democracy.* Cambridge: Polity Press.

Giddens, Anthony and Christopher Pierson

1998. *Conversations with Anthony Giddens: Making Sense of Modernity.* Cambridge: Polity Press.

Gordon, C.

1980. *Michel Foucault: Power/Knowledge.* Brighton: Harvester Press.

Gurnah, A. and Scott A.

1992. *The Uncertain Science.* London:Routledge.

Habermas, Jürgen

1981. "Modernity versus Postmodernity." *New German Critique*, Vol. 22, pp. 3-14.

Hadot, Pierre

1995. *Philosophy as a Way of Life*. Mass.: Blackwell Press.

Haesterey, Imgeborg

1991. "Postmodernism as Discursive Event." In *Zeitgeist in Babel*, edited by Ingeborg Haesterey. Bloomington: Indiana University Press.

Hall, S. and B. Gieben, eds.

1992. *Formations of Modernity*. Cambridge: Polity Press.

Hall, Stuart

1992. "The Question of Cultural Idnetity." In *Modernity and Its Futures*, edited by S. Hall, D. Held & T. McGrew. Cambridge: Polity Press.

Harvey, David

1989. *The Condition of Postmodernity*. Oxford: Basil Blackwell.

Hassan, Ihab

1987. *The Postmodern Turn: Essays in Postmodern Theory and Culture*. Columbus: Ohio State University.

Hebdige, David

1988. "Staking out the Post." Ch.8 in *Hiding in the Light*, edited by David Hebdige. London: Routledge.

Heller, Agnes

    1990. *Can Modernity Survive?* California: University of California.

Held, David, ed.

    1993. *Prospects for Democracy.* London: Polity press.

    1995. *Cosmopolitan Democracy.* London: Polity Press.

Hoy, D. C.

    1986. *Foucault: A Critical Reader.* Oxford: Basil Blackwell.

Huntington, Samuel

    1991. "Democracy's Third Wave." *Journal of Democracy,* Vol. 2, Spring, p. 27.

    1993. "The Clash of Civilizations?" *Foreign Affairs,* Vol. 72, No. 3, Summer.

Jameson, Fredric

    1984. "Foreword." In *The Postmodern Condition.* Minneapolis: Minneasota University Press.

    1991. *Postmodernism, or the Culture Logic of Late Capitalism.* Durham: Duke University Press.

Judovitz, Dalia

    1988. *Subjectivity and Representation in Descartes: The Origins of Modernity.* Cambridge: Cambridge University Press.

Kellner, Douglas

    1987. "Notes and Commentaries: Baudrillard, Semiurgy and

Death." *Theory, Culture & Society*, Vol. 4, pp. 125-146.

1989a. *Jean Baudrillard: From Marxism to Postmodernism and Beyond.* California: Standord University.

1989b. "Boundaries and Borderlines: Reflectionson Jean Baudrillard and Critical Theory." *Current Perspectives in Social Theory*, Vol. 9, pp. 5-22.

Kleinschmidt, Hans J.

1979. "Berlin Dada." In *Dada Spectrum: The Dialectics of Revolt*, edited by Foster, Stephen, and Rudolf Kuenzli. University of Iowa.

Kohler, Michael

1977. "Postmodernismus; Ein Begriffsgeschidhticher Uberblick." *Amerikastudien*, Vol. 22.

Kritzman, Lawrence D.

1988. *Michel Foucault-Politics, Philosophy, Culture: Interviews and Otehr Writings of Michel Foucault.* New York and London: Routledge.

Kumar, Krishan

1986. *Prophecy and Progress: The Sociology of Industrial and Post-Industrial Society.* Harmondsworth: Penguin.

1978. *Prophecy and Progress.* London: Penguin Books Ltd.

Laclau, E. and C. Mouffe

1987. "Post-Marxism without Apologies." *New Left Review*, No. 166, pp. 79-106.

Laclau, Ernesto

　　1988. "Politics and the Limits of Modernity." Pp. 63-82 in *Universal Abandon*, edited by Andrew Ross. Minneapolis: University of Minnesota.

　　1992. "Universalism, Particularism, and the Question of Identity." *October*, No. 61, pp. 83-90.

Larson, M. S.

　　1977. *The Rise of Professionalism: A Sociological Analysis*. Berkeley: California University Press.

Lash, Scott

　　1990. "Postmodernism as Humanism?　Urban Space and Social Theory." Pp. 62-74 in *Theories of Modernity and Postmodernity*, edited by Bryan S. Turner. London: Sage.

Levine, N. Donald, ed.

　　1971. *Georg Simme on Individuality and Social Forms*. Chicago: Chicago University Press.

Lyotard, Jean-François

　　1984. [1979] *The Postmodern Condition*. Minneapolis: Minneasota University Press.

　　1985. [1979] *Just Gaming*. Minneapolis: Minneasota University Press.

　　1986a. "Complexity and Sublime." In *ICA Documents 4: Postmodernism*. London: ICA.

　　1986b. "Defining the Postmodern." In *ICA Documents 4:*

Postmodernism. London: ICA.

Martin, Luther H., Huck Gutman, and Patrick H. Hutton

1988. *Technologies of the Self: A Seminar with Michel Foucault*. The University of Massachusetts Press.

Marx, Karl, and David McLellan, ed.

1976. *Capital*, Vol. 1. London: Penguin Books Ltd.

1977. *Selected Writings*, edited by McLellan, David. Oxford University Press.

McCarthy, Thomas

1987. "Introduction." In *The Philosophical Discourse of Modernity*, edited by Jürgen Habermas. Massachusetts: MIT Press.

McLellan, David

1980. *The Thought of Karl Marx*. London: Macmillan Press.

McNeill, W. H.

1965. *The Rise of the West*. New York: Mentor Book.

Miller, David et al.

1987. *The Blackwell Encyclopaedia of Political Thought*. Oxfod: Blackwell.

Moufee, Chantal

1988. "Radical Democracy: Modern or Postmodern?" Pp. 31-45 in *Universal Abandon*, edited by Andrew Ross. Minneapolis: University of Minnesota.

1992. "Citizenship and Political Identity." *October*, Vol. 61, pp. 28-32.

Newman, Michael

1986. "Revising Modernism, Representing Postmodernism." Pp. 32-51 in *ICA Documents 4&5*, edited by Lisa Appignanesi. London: ICA.

Parsons, Talcott

1937. *The Structure of Social Action*, Two Volumes. New York: McGraw-Hill Book Company.

1953. *Working Papers in the Theory of Action*. New York: The Free Press.

1967. *Sociological Theory and Modern Society*. New York: The Free Press.

Pefanis, Julian

1991. *Heterology and the Postmodern: Bataille, Baudrillard, and Lyotard*. Durham and London: Duke University.

Rabinow, P.

1984. *The Foucault Reader*. New York: Pantheon Books.

Richters, A.

1988. "Modernity-Postmodernity Controveries: Habermas and Foucault." *Theory, Culture & Society*, Vol. 5, pp. 611-643.

Ritzer, George

1988. *Sociological Theory*. New York: McGraw-Hill Publishing Company.

Robertson, Roland

1992a. "Globality and Modernity." *Theory, Culture & Society*, Vol. 9, pp. 153-161.

1992b. *Globalization*. London: Sage Publications.

Roditi, Edouard

1959. "Interview with Hannah Toch." *Arts*. New York.

Rorty, Richard

1985. "Habermas and Lyotard on Postmodernity." In *Habermas and Modernity*, edited by Rechard J. Bernsteineds. London: Polity Press.

Simmel, Georg

1903. "The Metropolis and Mental Life." Pp. 324-339 in *Georg Simmel on Individuality and Social Forms*, edited by N. Donald Kevine. Chicago: Chicago University Press.

1918. "The Conflict in Modern Culture." Pp. 375-393 in *Georg Simmel on Individuality and Social Forms*, edited by N. Donald Kevine. Chicago: Chicago University Press.

Smart, Barry

1990. "Modernity, Postmodernity and the Present." In *Theories of Modernity and Postmodernity*, edited by Bryan B. Turnereds. London: Sage.

Smelser, Neil

1994. "The Processes of Social Change." In *Sociology*, edited by Smelser. Mass.: Blackwell.

Swanson, Guy E.

1992. "Modernity and the Postmodern." *Theory, Culture & Society*, Vol. 9, pp. 147-151.

Tseelon, Efrat

1992. "Is the Presented Self Sincere? Goffman, Impression Management and the Postmodern Self." *Theory, Culture & Society*, Vol. 9, pp. 115-128.

Turner, Bryan S.

1987. "A Note on Nostagia." *Theory, Culture & Society*, Vol. 4, pp. 147-156.

1992a. "Ideology and Utopia in the Formation of an Intelligentsia: Reflections on the English Cultural Conduit." *Theory, Culture & Society*, Vol. 9, pp. 183-210.

1992b. "Weber, Giddens and Modernity." *Theory, Culture & Society*, Vol. 9, pp. 141-146.

Turner, Bryan S., ed.

1990. *Theories of Modernity and Postmodernity.* London: Sage.

van Reijen, Willem and Dick Veerman

1988. "An Interview with Jean-Francois Lyotard." *Theory, Culture*, Vol. 5, No. 2-3, pp. 277-309.

Wallerstein, Immanuel

1974. *The Modern World-System I.* New York: Academic Press.

1979. *The Capitalist World-Economy.* Cambridge University Press.

1983. *Historical Capitalism*. London: Verso.

Weber, Max

1958. *The Protestant Ethic and the Spirit of Capitalism*. New York: Charles Scribner's Sons.

Weiner, Myron., ed.

1966. "Modernization: The Dynamics of Growth." In *Voice of America Forum Lectures*.

Wexler, Philip

1990. "Citizenship in the Semiotic Socity." In *Theories of Modernity and Postmodernity*, edited by Bryan S. Turner. London: Sage.

Wittgenstein, Ludwig, tran. by D. F. Pears and B. F. McGuinness

1974. *Tractatus Logico-Philosophicus*. London: Routledge and Kegan Paul Ltd.

Zukin, Sharon

1988. "The Postmodern Debate Over Urban Form." *Theory, Culture & Society*, Vol. 5, pp. 195-215.

1992. "Postmodern Urban Landscapes: Mapping Culture and Power." Pp. 221-247 in *Modernity & Identity*, edited by Lash, Scott and Janathan Friedman. Oxford: Basil Blackwell Ltd.

Barr, Alfred H. JR. 著，李渝譯
　　1986，《現代畫是什麼？》。臺北：雄獅。

Battcock, Gregory 著，連德誠譯
　　1992，《觀念藝術》。臺北：遠流。

Bell, Clive 著，周金環、馬鍾元譯
　　1991，《藝術》。臺北：商鼎。

Bell, Daniel 著，趙一凡等譯
　　1991，《資本主義的文化矛盾》。臺北：九大。

Bertens, Hans 著，王寧等譯
　　1992，《走向後現代主義》。臺北：淑馨。

Gablik, Suzi 著，滕立平譯
　　1991，《現代主義失敗了嗎？》。臺北：遠流。

Gombrich, E. H. 著，雨云譯
　　1997，《藝術的故事》。臺北：聯經。

Jameson, Fredric 著，唐小兵譯
　　1989，《後現代主義與文化理論》。臺北：合志。

Lippard, Lucy R. 著，張正仁譯
　　1991，《普普藝術》。臺北：遠流。

McNeill, H. William 著，邢義田譯
　　1991，〈世界史的一個新結構〉，《當代》，第 66 期。

Miller, James 著，高毅譯
　　1995，《傅柯的生死愛慾》。臺北：時報文化。

Rookmaaker, H. R. 著，林美滿、張宰金譯
　　1985，《現代藝術與西方文化之死》。香港：中華基督翻譯中心。

Rotzler, Willy 著，吳瑪俐譯
　　1991，《物體藝術》。臺北：遠流。

Sombart, W. 著，季子譯
　　1991，《現代資本主義》，第一卷。上海：商務。

Wolfe, Tom 著，曾雅雲譯
　　1976，〈現代繪畫往何處去？〉，《雄獅美術》，第 62 期，頁 94-100。

布希亞著，張釗維譯
　　1991，〈公元兩千年會發生〉，《當代》，第 65 期，頁 72-81。

布希亞著，蔡崇隆譯
　　1991，〈消費社會與消費欲望〉，《當代》，第 65 期，頁 48-71。

布羅代爾（F. Braudel）著，顧良等譯
　　1992，《15 至 18 世紀的物質文明、經濟和資本主義》，第一卷。北京：三聯。

帕森思著，章英華譯
　　1991，《社會的演化》。臺北：允晨。

哈維爾
　　1992，《哈維爾選集》。臺北：基進出版社。

馬克思
　　1975，《資本論》，第一卷。北京：人民出版社。

湯恩比著，沈輝等譯
　　1990，《文明經受著考驗》。臺北：遠流。

福武直著，王世雄譯
　　1985，《日本的社會結構》。臺北：東大。

嘉門安雄編，呂清夫譯
　　1986，《西洋美術史》。臺北：大陸。

赫伯特里德著，李長俊譯
　　1982，《現代繪畫史》。臺北：大陸。

霍斯特、伍德瑪‧汪森著，唐文娉譯
　　1989，《美術之旅》。臺北：桂冠。

羅斯托著，饒慶餘譯
　　1975，《經濟發展史觀》。臺北：今日世界。

王育德
　　1993，《台灣：苦悶的歷史》。臺北：自立晚報。

王碧華
　　1987，〈達達與超現實主義〉，傅嘉琿主編，《西洋現代藝術》。
　　臺北：臺北市立美術館。

史明
　　1980，《台灣四百年史》。

李金詮
　　1993，《大眾傳播理論》。臺北：三民。

邢義田
　　1987，《西洋古代史參考資料》（一）。臺北：聯經。

1991，〈面對新世界〉，《當代》，第 66 期。

林鴻祐
1991，〈布希亞的擬像社會理論〉，《當代》，第 65 期，頁
31-47。

柯志明
1986，〈伊曼紐‧華勒斯坦訪問錄〉，《當代》，第 4 期。

高宣揚
1999，《後現代論》。臺北：五南。

張希烽
1998，《莊子的智慧》。臺北：漢藝色研文化事業有限公司。

張浣梅
1987，〈從可口可樂、瑪麗蓮夢露看普普藝術〉，傅嘉琿主編，
《西洋現代藝術》。臺北：臺北市立美術館。

張彬村
1991，〈明清兩朝的海外貿易政策：閉關自守？〉，《中國海洋
發展史論文集》（第四集）。臺北：中研院社科所，頁 45-59。

曹永和
1985，〈荷蘭時期台灣開發史略〉，《台灣早期歷史研究》。臺
北：聯經。

莊嘉農
1990，《憤怒的台灣》。臺北：前衛。

陳光興
1991，〈真實—再現—擬仿：布希亞的後現代媒體社會學〉，《當
代》，第 65 期，頁 18-30。

陳信雄

1991,〈唐代中國與非洲的關係〉,《中國海洋發展史論文集》,第四集,頁 125-59。臺北:中研院社科所。

陳鼓應註譯

1981,《莊子今註今譯上、下冊》。臺北:商務。

陸蓉之

1990,《後現代的藝術現象》。臺北:藝術家。

彭芸

〈國際資訊新秩序〉,李金詮,《大眾傳播理論》,頁 301-310。

黃仁宇

1991,《資本主義與二十一世紀》。臺北:聯經。

黃瑞祺

1996,《批判社會學》。臺北:三民。
1997,《馬克思論現代性》。臺北:巨流。

黃瑞祺主編

1996,《歐洲社會理論》。臺北:中央研究院歐美研究所。
1998,《馬學新論》。臺北:中央研究院歐美研究所。

楊辛、甘霖

1991,《美學原理》。臺北:曉園。

廖瑞銘主編

1987,《大不列顛百科全書》(中文版)。臺北:丹青。

趙桂英

1993,《文化如畫—普普藝術的大眾趣味與後現代的文化取

向》。東海大學社會學研究所碩士論文。

樊華森、李範、楊思寰、童坦、梅寶樹、鄭開湘
　　1992，《美學教程》。臺北：曉園。

蔣勳
　　1987，〈現代美術的「流」與「變」〉，傅嘉琿主編，《西洋現代藝術》。臺北：臺北市立美術館。

蔡采秀
　　1994，〈日本時代與戰後台北的比較〉。發表於「空間、家與社會」研討會。

蕭新煌
　　1985，《低度發展與發展》。臺北：巨流。

人名索引

主題索引

Modernity and Post-Modernity

Richard Ruey-Chyi Hwang

Chu Liu Book Company